里夏德·施特劳斯

Richard Strauss

外国音乐欣赏丛书

刘经树／编著

人民音乐出版社·北京

目　录

名作欣赏

一、生平与创作　　　　　　　　/001

二、器乐作品选介　　　　　　　/017

《唐　璜》　　　　　　　　　　/019

《死与净化》　　　　　　　　　/027

《蒂尔恶作剧》　　　　　　　　/037

《查拉图斯特拉如是说》　　　　/045

《堂吉诃德》　　　　　　　　　/059

《英雄生涯》　　　　　　　　　/075

《家庭交响曲》　　　　　　　　/087

《七层纱舞曲》　　　　　　　　/099

三、歌剧作品选介　　　　　　/105

　　《莎乐美》　　　　　　　　　/107

　　《埃莱克特拉》　　　　　　　/111

　　《玫瑰骑士》　　　　　　　　/115

四、作品目录　　　　　　　　/121

后　记　　　　　　　　　　　/131

一、生平与创作

Richard Georg Strauss
里夏德·格奥尔格·施特劳斯
(1864年生于慕尼黑,1949年卒于加米施-帕滕基尔兴)

1864年6月11日，德国慕尼黑宫廷乐队首席圆号手弗朗茨·约瑟夫·施特劳斯的家里，一个婴儿呱呱坠地，他就是后来在德奥乃至世界乐坛闻名遐迩的里夏德·施特劳斯。里夏德·施特劳斯从小就显示出音乐才能，四岁就跟父亲的一个朋友学钢琴，八岁又跟表兄学小提琴，十一岁起，跟随宫廷乐队的助理指挥F.W.梅耶尔学习作曲理论。里夏德·施特劳斯的父亲音乐趣味十分保守，他信奉的音乐"上帝"是莫扎特、贝多芬等古典大师，对瓦格纳及其学说深恶痛绝，也不让孩子听19世纪后半叶的音乐作品。因此，小里夏德在家里接受的音乐教育十分有限。

1874年，里夏德·施特劳斯念完了小学，在城里的路德维奇中学读书。他在学校里听了瓦格纳的作品，观看了《汤豪舍》《齐格弗里德》《罗恩格林》的演出，他的心被这伟大的艺术所震撼。他曾提到，尽管父亲反对，但自己仍迈进了魔术般的艺术世界，欣赏着《尼伯龙根的指环》《特里斯坦与伊索尔德》等伟大作品，甚至还记得十七岁第一次读《特里斯坦与伊索尔德》总谱时出神入化、急不可耐的情形。里夏德·施特劳斯的音乐风格正是在那时逐渐成形的。他少年时代的作品有《A大调弦乐四重奏》《降E大调节日进行曲》《b小调钢琴奏鸣曲》，以及钢琴小品数首。

1882年冬，里夏德·施特劳斯在慕尼黑大学攻读哲学、美学和艺术史等课程，他始终没有机会进入音乐学院系统地学习音乐。1883年，他离开大学，专心从事音乐创作。在大学期间他创作的《d小调交响曲》《d小调小提琴协奏曲》《F大调大提琴奏鸣曲》《降E大调小夜曲》分别在维也纳、德累斯顿演出，受到公众欢迎。

1884年，他首访柏林，结识了著名指挥家汉斯·冯·比洛。比洛当时德高望重，很看重这位年轻人，称他为"迄今为止、勃拉姆斯之后最有个性的作曲家"，请他为迈宁根宫廷乐队写了降B大调《组曲》，并亲自指挥首演。

这个时期他的作品有《F大调圆号协奏曲》《f小调交响曲》《c小调钢琴弦乐四重奏》、九首为格林诗写的艺术歌曲，以及根据歌德诗《流浪者之歌》写的声乐合唱套曲等，这些作品先后在德国演出。比洛亲切地称他为"理查三世"，致使里夏德·施特劳斯很快成名。

1885年，里夏德·施特劳斯被任命为迈宁根管弦乐团的助理指挥，在比洛的面授下学习。不久他就登台献艺，指挥演出自己的《f小调交响曲》和莫扎特《c小调钢琴协奏曲》，并自任独奏部分。勃拉姆斯这位莱比锡乐派的泰斗在迈宁根听了里夏德·施特劳斯的作品后，评论道："音乐很迷人，但很多地方主题离题。"不久，比洛辞职，萨克森——这位迈宁根公爵要任命里夏德·施特劳斯为继任乐队队长，同时也要削减乐队人数。里夏德·施特劳斯深为不满，没有接受这个职务并离开了迈宁根。之后，他同慕尼黑歌剧院签订了任第三指挥的三年合同。

在迈宁根宫廷乐队工作期间，里夏德·施特劳斯与乐队第一小提琴手亚历山大·里特尔结下了深厚的友谊。里特尔的妻子是瓦格纳的一个侄女，同时，里特尔也是瓦格纳和李斯特艺术的虔诚追随者，他的艺术倾向影响了里夏德·施特劳斯。里特尔劝里夏德·施特劳斯放弃古典主义倾向，多读瓦格纳的文论和叔本华的书，并追随柏辽兹、李斯特、瓦格纳的罗曼化路线。在迈宁根，里夏德·施特劳斯完成了自己艺术思想的转变。他认为，新的艺术观念必须有新的艺术形式，这就是李斯特交响诗的原则；决定创作的真正因素是诗歌的意念，这成为他后来写交响诗的指导原则。真正作为里夏德·施特劳斯艺术思想转变的标志，则是他在此期间创作的交响幻想曲《意大利》。这表明他从无标题音乐创作转为标题音乐创作，音乐风格从追随门德尔松转为追随李斯特。对这首转折性作品的评价，人们褒贬不一。也许，公众需要一段时间来熟悉并适应这种"新"的里夏德·施特劳斯风格。

在慕尼黑歌剧院的三年期间，里夏德·施特劳斯除了指挥了几场莫扎特和威尔第的歌剧作品之外，很少有机会参加重要作品的演出。1887年，在莱比锡当客串指挥时，他认识了奥地利作曲家古斯塔夫·马勒，很快成为一个热衷于马勒艺术的人。这年夏天，他开始创作音诗作品《麦克白》《唐璜》《死与净化》，并爱上了女高音歌手保利娜·德·阿娜。在以后的几年里，他同阿娜合作演出了几部著名歌剧（包括瓦格纳的《特里斯坦与伊索尔德》、莫扎特的《女人心》——这是里夏德·施特劳斯最喜爱的两部名剧）。1894年，他俩终成眷属。他送给她的结婚礼物是四首艺术歌曲（Op.27），分别题为《安静吧，我的心灵》《卡奇丽》《秘密的要求》《早晨》。

1889年以后，他的音诗《唐璜》《死与净化》等相继演出，获得巨大成功。里夏德·施特劳斯也被评论界公认为瓦格纳死后最重要的德国作曲家。同年，他结束了在慕尼黑歌剧院的任职。1891年，里夏德·施特劳斯到拜罗伊特剧院①当合唱指挥，深受瓦格纳遗孀科西玛的赏识。1894年他在拜罗伊特剧院指挥演出《汤豪舍》，盛况空前。在慕尼黑指挥演出《后宫诱逃》《女人心》《唐璜》《特里斯坦与伊索尔德》等名剧时，也大受欢迎。但是，在排练他自己的歌剧《贡特拉姆》时却遇到了麻烦。歌手们拒绝演唱，这使里夏德·施特劳斯痛苦不已。在以后数年内，他不得不放弃歌剧创作，专门从事音诗创作。《蒂尔恶作剧》（1895）、《查拉图斯特拉如是说》

---

① 拜罗伊特剧院是瓦格纳歌剧作品的重要演出场所，曾轰动一时，有"拜罗伊特朝圣地"之称。

(1896)、《堂吉诃德》(1897)和《英雄生涯》(1898)等作品一个接一个脱颖而出,都受到了欢迎和好评。

1896~1898年,里夏德·施特劳斯的指挥生涯达到了顶峰。他担任柏林皇家歌剧院首席指挥,在八个月的演出季里指挥了七十一场音乐会、二十五部歌剧(包括两次《尼伯龙根的指环》四部剧的全套演出)。在魏玛,他发掘、演出了李斯特的《浮士德》等作品,在柏林演出了格里格、马勒、西贝柳斯和埃尔加等人的作品。里夏德·施特劳斯作为指挥家的才能与声望是不可忽略的。他同马勒、魏因加特纳一起左右了1890~1910年间的德奥音乐演出活动,并不时去欧洲各地旅行演出。

里夏德·施特劳斯并未因第一部歌剧《贡特拉姆》的写作失败而气馁,仍不断在探索新的歌剧。1901年,他完成了歌剧《火荒》的音乐创作。这是根据中世纪佛兰德传奇而写的喜剧作品,在德累斯顿首演时大获成功,持续卖座了好一阵子。这给了里夏德·施特劳斯极大的鼓舞。

1903年里夏德·施特劳斯完成了歌剧《莎乐美》的创作，1905年底在德累斯顿首演。这部作品的唯美倾向及对变态情欲的描写曾使其在多国遭到禁演，但在音乐上却是里夏德·施特劳斯歌剧作品的巅峰之作。音乐的夸张手法同剧本中露骨的描写异曲同工。

1904年，里夏德·施特劳斯完成了作品《家庭交响曲》并在纽约公演，作曲家亲往指挥。

1908年，里夏德·施特劳斯认识了奥地利诗人、戏剧家雨果·冯·霍夫曼斯塔尔，开始同他合作。他们合作的第一部作品就是《埃莱克特拉》——一部比《莎乐美》更为外在但音乐上略逊一筹的歌剧。1910年，他们又合作完成了三幕喜歌剧《玫瑰骑士》。1911年，这部作品在德累斯顿公演受到歌剧界的普遍赞赏，成为里夏德·施特劳斯歌剧作品中的保留剧目。

1913年，里夏德·施特劳斯完成了合唱歌曲《德意志经文歌》、管弦乐《节日前奏曲》等作品。

1914年5月，牛津大学授予里夏德·施特劳斯音乐博士学位来庆贺他五十岁生日。同年，他开始创作歌剧《无影夫人》。第一次世界大战爆发后，他写了《阿尔卑斯山交响曲》，1915年10月在柏林首演。1916年，霍夫曼斯塔尔推荐赫尔曼·巴尔作为里夏德·施特劳斯的脚本作者。里夏德·施特劳斯用自己同夫人保利娜婚姻的一段插曲构思了歌剧《间奏曲》，直到1924年才完成。

1910~1918年间，里夏德·施特劳斯一直是柏林皇家歌剧院常任指挥。从1919年起，他移居维也纳，任当地国立歌剧院指挥。这期间，他创作较少，除歌剧《间奏曲》之外，还有芭蕾舞剧音乐《攒奶油》。

1923年，他与霍夫曼斯塔尔再度合作，创作了歌剧《埃及的海伦娜》，五年后首演失败，被评论家一致认为它是表明里夏德·施特劳斯创作力已衰竭的代表作品。他于1928~1932年写的歌剧《阿拉贝拉》也缺乏新意，与之早期作品风格雷同。

1933年，当里夏德·施特劳斯着手写一部新的歌剧作品《沉默的女人》时，以希特勒为首的国家社会党掌权了。作为音乐家的里夏德·施特劳斯几十年来一直不问政治，只专心从事艺术创作。但在这年的拜罗伊特音乐节上，著名指挥家托斯卡尼尼因抗议纳粹党迫害犹太人而拒绝参加演出。当时，里夏德·施特劳斯为挽救艺术节和出于对瓦格纳艺术的尊敬，出面代替托斯卡尼尼指挥了这场由纳粹党要人参加的盛大演出。鉴于里夏德·施特劳斯当时的声誉，纳粹党很需要这样一位文化要人起宣传作用。因此，他们大肆渲染里夏德·施特劳斯的这个举动。1933年11月组建纳粹"国家音乐局"时，未经里夏德本人同意就任命其为总监，里夏德·施特劳斯就这样展开了自己人生中不光彩的一页。

这个时期，里夏德·施特劳斯陆续创作了《和平的日子》《达奈的爱情》等歌剧，《第二圆号协奏曲》、管乐小奏鸣曲，以及"用23件弦乐器"

演奏的练习曲《变形》等器乐作品。其中，1945年春创作的《变形》似乎是里夏德·施特劳斯对自己半个世纪以来音乐生涯的一种回顾。

1945年第二次世界大战结束后，里夏德·施特劳斯夫妇自我流放到瑞士。由于他的不光彩经历，他的名字被列在肃清纳粹分子裁判所的名单上。这期间，他写了双簧管协奏曲及其他一些木管乐曲。1947年，英国举办了一个里夏德·施特劳斯音乐节，请他来伦敦住了一个月并指挥演出他自己的作品，非正式地部分恢复了他的名誉。1948年，肃清纳粹分子裁判所正式宣布，允许他回到德国。1949年5月，里夏德·施特劳斯拖着病体回国接受了大手术，随身带着刚完成的作品——女高音和管弦乐《四首最后的歌》。他赶上了同年6月为他八十五岁生日所举行的庆祝仪式，然而，同年8月，他的心脏出了问题。1949年9月8日，他毫无痛苦地离开了人世。临死前，他曾喃喃自语，认为死亡就如同自己创作的作品《死与净化》一般平静、安详。

＊　　　＊　　　＊

里夏德·施特劳斯的一生富于戏剧色彩，而他的艺术却像欧洲南部和煦的阳光那样，充满了水汽、云雾般的纯净与欢愉。我们从里夏德·施特劳斯的作品中似乎听到了耳边鸣响着一种更深邃、更强烈的前奏曲，一种更为不羁、更玄妙的音乐，一种超德意志的音乐。它在这蔚蓝、奔腾的海边，在明朗的天空下，不会消逝、不会苍白，更不会朦胧。

里夏德·施特劳斯的音乐出现在两个世纪之交，既写出了上一个世纪人的痛苦、挣扎，也写出了下一个世纪人的欢悦、迷惘。19 世纪的罗曼化艺术与 20 世纪的通俗主义艺术在里夏德·施特劳斯的音乐里结出了果实——一株甜蜜渗透着苦涩的、脆弱单薄的艺术之果。

里夏德·施特劳斯的作品大都是歌剧或音诗。他的歌剧音乐不如歌剧唱词、情节那样吸引人，显得有些苍白、声嘶力竭。罗曼化和通俗主义艺术观似乎没有在他的歌剧形式中找到一个理想的接合点。然而,他的音诗作品无论从艺术效果或质量来说,都不亚于李斯特交响诗之后的其他同类乐曲。他发展了标题音乐创作中注重"音乐中的诗意,音乐中的表现"的特点,形成了自己的音乐风格。

里夏德·施特劳斯的音诗是19世纪末大管弦乐队丰富的音色、音响同激发作曲家创作灵感的诗歌、传奇乃至哲言妥帖地结合,造就了一个新的艺术奇境。在他的作品里,我们似乎听到了一位用活生生的音乐语言来说话、作诗、绘画的天才的声音。

二、器乐作品选介

《唐璜》

唐璜——西班牙传说中的浪子,曾激起不少西方文学与艺术家的创作灵感。在经典音乐作品里,除了莫扎特的同名歌剧外,就要数里夏德·施特劳斯的这首音诗(Op.20)最为著名了。

里夏德·施特劳斯的这首音诗,根据奥地利诗人尼古劳斯·莱瑙1844年的同名"戏剧诗"而作。

莱瑙笔下的唐璜不只是个玩世不恭的花花公子,还是个梦想家。他梦想寻找一个理想的女性,在她身上体现所有女性的美德。为此,他追求了玛丽亚、克拉拉、安娜、伊莎贝拉等人。作为征服者,他一次次地感到满足,又一次比一次地失望,觉得世上并不存在他理想中的典范女性。厌倦、幻灭感占据了他的心,使他沉沦。诗中写道:

> 爱的风暴不停地驱使我,
> 它曾咆哮过,而现已平息,
> 带去了消逝的所有愿望与希冀。
> 一道闪电夺去了我爱的力量,
> 把我带进一个黑夜环绕的沙漠。
> 也许不是这样,煤已燃尽,
> 炉边冰冷而幽暗。

里夏德·施特劳斯的音诗,形象地描绘了唐璜从"占有癖"到"厌世者"的一生。乐曲采用单乐章奏鸣曲式,其中展开部有两个插部。

序奏由一个复合主题开始,它的重要音调素材后来都有所展开:

谱例 1

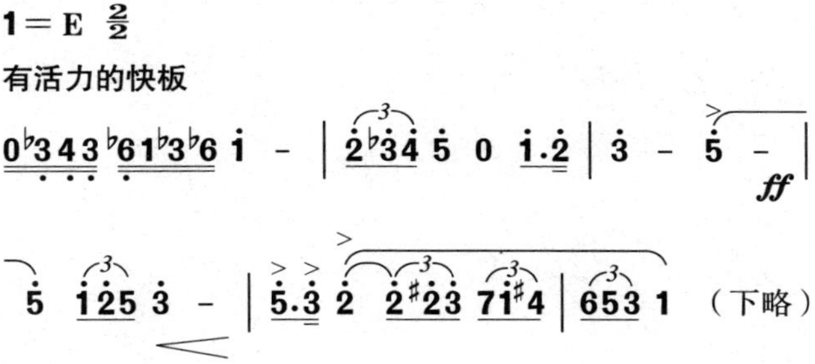
1＝E 2/2
有活力的快板
ff
（下略）

这个奇异不定、乐思丰富的开头，表现了唐璜火一般热情、冲动的基本性格。唐璜的音乐形象在主部主题中又得到了进一步陈述：

谱例 2

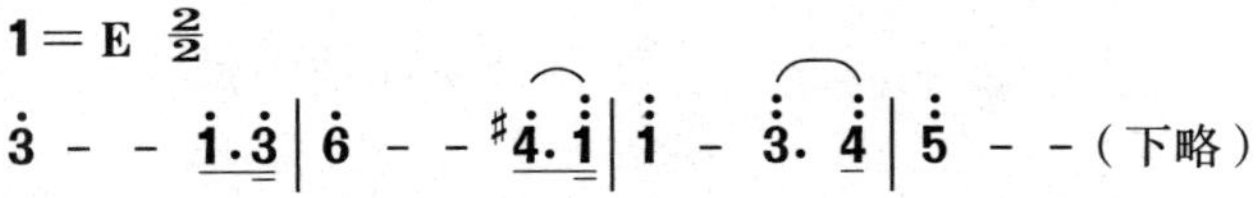
1＝E 2/2
（下略）

这是唐璜的主题，富于进取精神的主题描绘了他多情、放荡的生涯，主题的每次出现都代表了主人公一次次追求女人的冒险。间插的几段音乐时而是迷人的小提琴独奏、时而是小提琴齐奏，描写了唐璜所追求的几位理想女性的温柔形象。其中，副部主题的抒情音调有下行音阶委婉、妩媚的特点，用 ff 力度演奏，里夏德·施特劳斯认为，它表现了唐璜心中的满足：

谱例 3

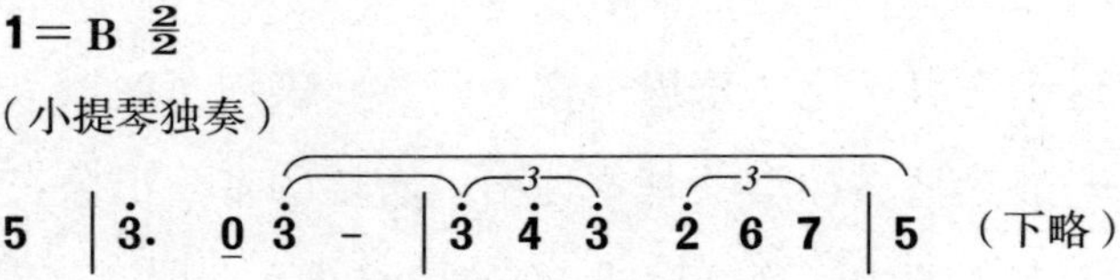

1 = B 2/2

（小提琴独奏）

5 | 3. 0̲3̇ - | 3̇ 4 3 | 2 6 7 | 5 （下略）

展开部运用的主要素材是代表唐璜的主部主题，进而描绘了唐璜寻欢作乐的性格。第一插部主题是个新的曲调，它代表唐璜强烈的渴望：

谱例 4

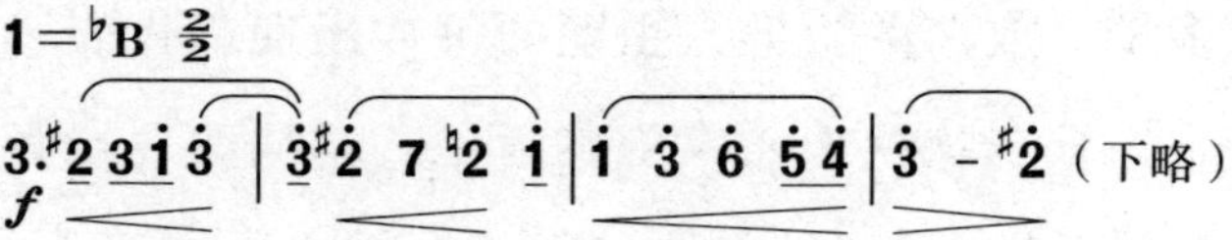

1 = ♭B 2/2

3.⁺2 3 1 3̇ | 3̇⁺ 2 7 ♭2̇ 1 | 1 3 6 5̲4̲ | 3̇ - ⁺2 （下略）
f

他的求爱被拒绝,于是再次追求,直到征服了他所爱的每一个女性。

第二插部主题象征着理想女性,也是唐璜的情歌,是里夏德·施特劳斯最迷人的旋律之一,用双簧管独奏,甜美地吹出:

谱例5

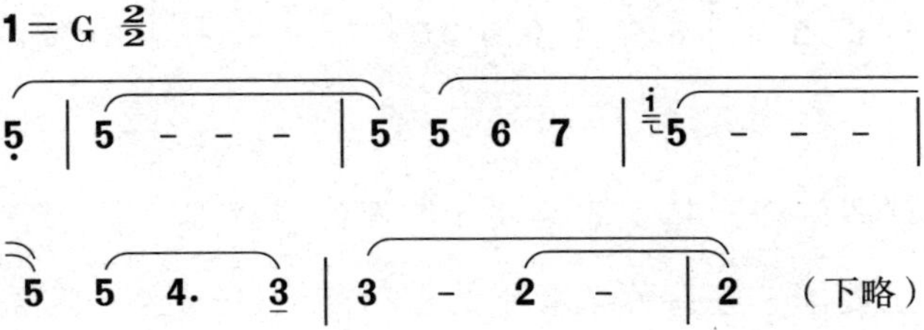

$1=G \quad \frac{2}{2}$

| 5̣ | 5 - - | 5 5 6 7 | 1̇ 5 - - |

| 5 5 4. 3 | 3 - 2 - | 2 | (下略)

这歌曲式主题结束的地方,正好在全曲近一半的位置。音乐该怎样写下去?施特劳斯又创作了一个新的、代表唐璜的第二主题,用四支圆号嘹亮地吹出,显示出英雄式的不停冲动的生命力:

谱例 6

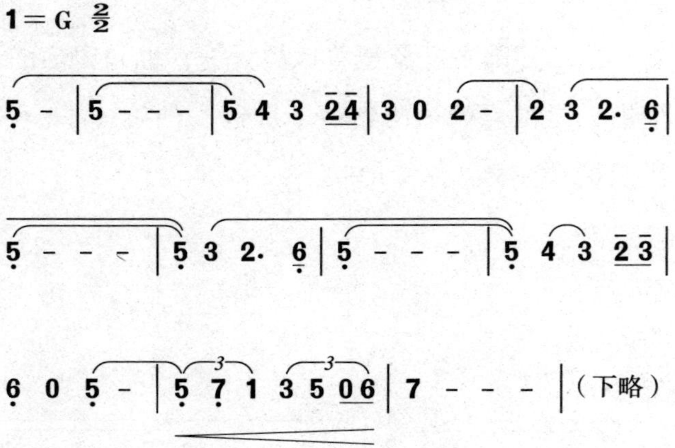

1 = G 2/2

5 - | 5 - - - | 5 4 3 2̄4̄ | 3 0 2 - | 2 3 2. 6 |

5 - - - | 5 3 2. 6 | 5 - - - | 5 4 3 2̄3̄ |

6 0 5 - | 5̄ 7̄ 1̄ 3 5̄ 0̄6̄ | 7 - - - |（下略）

这段旋律及其配器手法简练而效果辉煌，显示了里夏德·施特劳斯音乐的独特魅力——富于感官吸引力，通而不"俗"。

新主题重复时同序奏的主题（见谱例 1）交替出现，进入展开部的第二部分——狂欢节场面。新主题用钢片琴、钟琴助奏，使配器色彩达到了激动人心的高潮，同时，也代表了唐璜冒险生涯的顶点。

再现部省略了呈示部的唐璜主题（见谱例

2），因而是个不完全的再现部分。高潮之后，乐队停留在一个可怕、死寂的休止符上。接着，弦乐震音伴着小号的不协和音进入唐璜生命的尾声，这也是乐曲的尾声。唐璜从狂欢走向了崩溃，在决斗中，被他害死的旧日情人的冤魂一个个向他索命，他的精神陷于极度绝望、沮丧的境地。最后，弦乐低沉的两下拨弦象征他心脏的最后两下搏动。这个玩世不恭的浪子得到了应有的报应，离开了他曾企图全面占有的这个世界。

里夏德·施特劳斯创作这部音诗时才二十四五岁，当时他正迷恋瓦格纳的《特里斯坦与伊索尔德》。这首乐曲写出了他自己新的音乐感觉——突变的和声、大跳的旋律、令人眼花缭乱的配器技法等，显示了他的独创性。这些不同于瓦格纳的、又同瓦格纳风格有精神渊源的作品，奠定了里夏德·施特劳斯在19世纪末音诗创作中的重要地位。

《死与净化》

这首音诗（Op.24）从风格和标题上都明显有受瓦格纳杰作《特里斯坦与伊索尔德》影响的痕迹。里夏德·施特劳斯这部音诗的开头，那几乎听不见的弦乐切分音型同《特里斯坦与伊索尔德》第二幕爱情二重唱的开头太近似了。我们因此可以断言，里夏德·施特劳斯的音诗是约半个世纪后瓦格纳《特里斯坦与伊索尔德》风格在乐队作品里的小小回响。

1894年，里夏德·施特劳斯在致友人弗里德里希·冯·豪泽格尔的信中写下了《死与净化》的创作构思。

他提到,他想用音诗的形式描写一个人生命的最后片刻。这个人曾为最高的理想目标奋斗过,其中也许包含着艺术家的目标。在生命的最后时刻,这个人已然是一位昏睡于病榻上的病人,但甜蜜的梦能给这饱尝苦难的脸上带来一丝微笑。他睡意渐消,但可怕的疼痛却再次袭来。疼痛减退时,他又漫无边际地回忆起童年情景、青年时代……他曾追寻的观念、理想,无法艺术地完全表现,因为他的力量已不能胜任。死的时刻来临了,灵魂离开了躯体,他可以去永恒的空间寻求人间无法实现的壮美。

乐曲写完后,里夏德·施特劳斯的挚友亚历山大·里特尔根据他的创作构思写了短诗、长诗各一首,里夏德·施特劳斯比较喜欢那首短诗(尽管他反对将音乐分为"纯音乐"与"标题音乐",但是,他并不反对听众在听《死与净化》前读这首诗)。短诗的四个部分差不多与音诗的四个段落相仿,这说明里夏德·施特劳斯的音诗同罗曼化音诗一样,都是音乐追求文学性的产物。

音诗的四个段落以不同的速度标记表示出来,采用较自由的单乐章奏鸣曲式结构。

I. 广　板

一间陋室里,烛光闪烁,一个病人躺在草褥上。他同死神搏斗而筋疲力尽,睡着了。屋里死一般寂静,只能听到钟摆的声音,仿佛像是死的预兆。一丝微笑浮现在他苍白的脸上,当他在生命的边缘线上徘徊时,他梦见了童年的美好时光?

乐曲一开始,弦乐和定音鼓轮流演奏断断续续的三连音和切分节奏,象征着病人不规则的几乎听不到的脉搏跳动:

谱例 7

$1 = {}^{\flat}E$　$\frac{4}{4}$

$\underline{0\ 3}\ \ \underline{0\ \overset{3}{\overline{3\ 3}}\ 3}\ \ \underline{3}\ \ \ \underline{0\ \overset{3}{\overline{3\ 3}}\ |\ 3}\ \ \underline{3}$　(下略)
　ppp

长笛和双簧管同时吹出两个主题，象征病人一息尚存的意识、遐想、追寻：

谱例 8

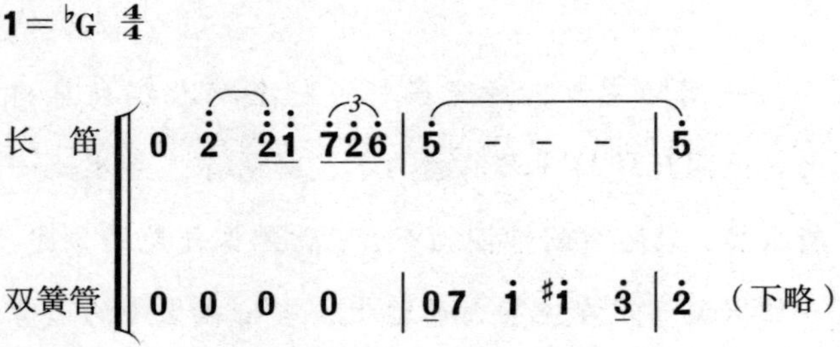

$1={}^\flat G$ 4/4

长笛 | 0 2̇ 2̇1̇ 7̇2̇6̇ | 5̇ - - - | 5̇ |

双簧管 | 0 0 0 0 | 07 1̇ #1̇ 3̇ | 2̇ | （下略）

童年的美好记忆给他带来了一丝安慰、几分笑意：

谱例 9

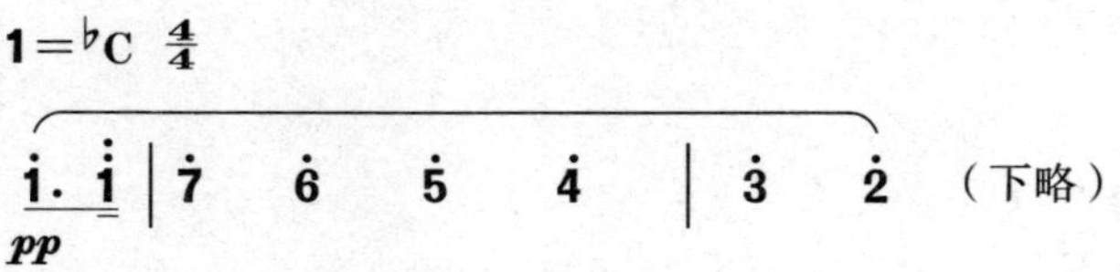

$1={}^\flat C$ 4/4

1̇. 1̇ | 7 6 5 4 | 3 2 （下略）
pp

突然，病痛袭来，他呻吟着同它抗争。音乐渐趋发展并富动力性。在展开的高潮处，乐曲进入呈示部的主部主题。整个呈示部为快板,是乐曲的第二段。

Ⅱ. 激动的快板

死神打断了他的梦,他重新展开搏斗。生的欲望、死的威胁,这是多么可怕的较量!

呈示部的主部主题以它刚毅、无畏的气概,表现出主人公同死神的较量:

谱例 10

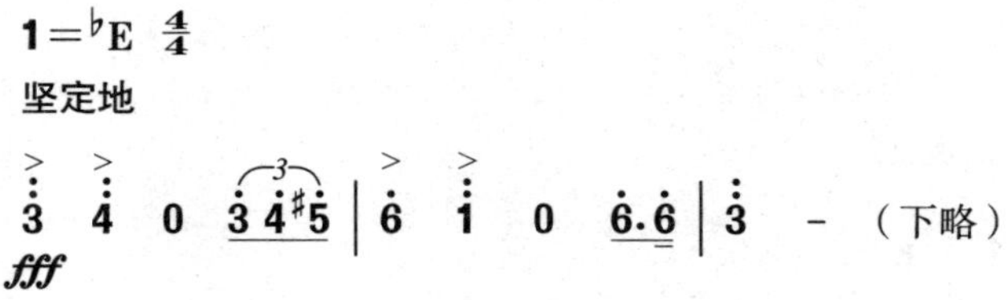

$1={}^{\flat}E$ $\frac{4}{4}$

坚定地

$\dot{\underset{\cdot}{3}}$ $\overset{>}{\dot{4}}$ 0 $\underset{3}{\underline{\dot{3}\dot{4}{}^{\sharp}\dot{5}}}$ | $\overset{>}{\dot{6}}$ $\overset{>}{\dot{1}}$ 0 $\underline{\dot{6}.\dot{6}}$ | $\dot{\underset{\cdot}{3}}$ - (下略)

$\textit{fff}$

主部主题之后,有个描写生存意识的短小动机出现。它虽不那么坚定、果断,但同主部主题一起,使呈示部的第一部分的动力性不亚于广板序奏:

谱例 11

$1={}^\flat E$ $\frac{4}{4}$

6 - | 6 #5 ♮5 #4 6 - | 6 （下略）

副部主题以上行音阶构成，同样是极富动力性的：

谱例 12

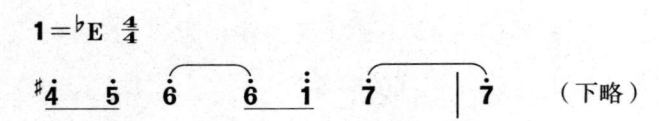

$1={}^\flat E$ $\frac{4}{4}$

#4̇ 5̇ 6̇ 6̇ 1̈ 7̇ | 7̇ （下略）

这部分的末尾是代表主人公理想境界的短小动机，以大音程跳进表现了超人般的意志力：

谱例 13

$1={}^\flat E$ $\frac{4}{4}$

2̣ 5̣ 6̣ | 7 7 6 - | （下略）

接下去是乐曲的展开部兼不完整的再现部，即第三部分。

Ⅲ. 不太快,但始终是果敢地

病人因拼搏而力竭,精神谵妄地难以入眠,生活的场景一幕幕地展现在眼前。童年时代玫瑰色的梦,像是辉煌而纯净的黎明。孺子在游戏中考验自己,使自己的力量得以完善,能胜任成年时期的使命。他心中燃起了热情,为着生活的最高目标而迈进——将所有他视为高贵的事物神圣化,给予它们更高尚的形态。但是,冷酷的现实在他的前进道路上设置了层层障碍。每当他确信自己接近目标时,就有一个声音大吼道:"住手!"同时,他的心里另一个声音喊道:"让困难见鬼去吧!它们只是你前进道路上的垫脚石。"他听从了后一个声音,在死的痛楚中,他不停地寻找目标,但一切都是枉然。死神虽越来越近,但无法占据他整个灵魂。最后的丧钟敲响了,粉碎了他在人世间的躯壳,在永恒的黑暗中,他合上了双眼。

音诗所描述的场景是通过呈示部中主题和动机的展开写法而体现的。例如,长笛和弦乐演奏的动机(见谱例9)、双簧管和竖琴演奏主部主题,等等,很大程度上改变了原来的音乐性格,表现了主人公在童年回忆与严峻现实之间的徘徊、冲撞。

展开部有个新主题,它结合了童年幻想和与病痛抗争两个主题的音乐素材,在英雄性的降E大调上表现了主人公的活力和期望:

谱例 14

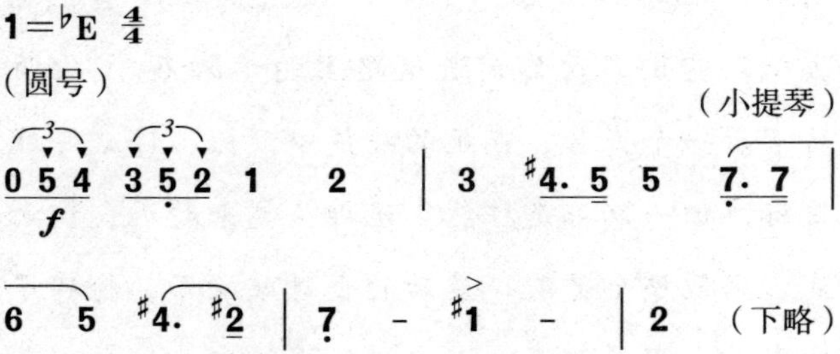

$1 = {}^{\flat}E \quad \frac{4}{4}$
(圆号) (小提琴)

$\underset{f}{\overset{3}{\underbrace{0\ 5\ 4}}}\ \overset{3}{\underbrace{3\ 5\ 2}}\ 1\ \ 2\ \ |\ 3\ \ {}^{\sharp}\underline{4.\ \underline{5}}\ \ 5\ \ \underline{\dot{7}.\ \dot{7}}\ |$

$6\ \ 5\ \ {}^{\sharp}\underline{4.\ {}^{\sharp}\underline{2}}\ \ |\ \dot{7}\ -\ {}^{\sharp}\overset{>}{\dot{1}}\ -\ |\ \dot{2}$ (下略)

这一系列场景的高潮在谱例8所示音乐片段的再现处。接着是一段描写爱情场面的音乐:

谱例 15

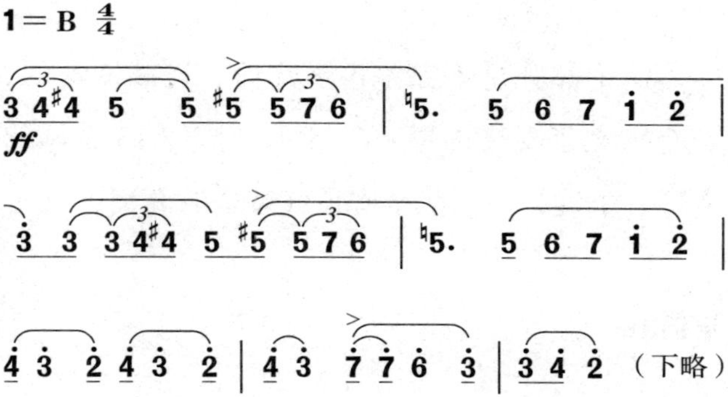

$1 = B \ \frac{4}{4}$

音乐越来越热情,直到长号和定音鼓响起了谱例 7 所示音乐片段那执着的、可怕的心脏搏动的声音为止。作曲家用谱例 13 所示主题在三个调性上再现三次,一次比一次复杂,仿佛主人公的眼界顿开。在死神的逼迫下,他不再在梦幻与现实间苦恼,他的灵魂渐渐离开了肉体,进入净化的境界。

Ⅳ. 中　速

无边的苍穹里,传来了一声强有力的回响,它给他带来了他所渴望并徒劳无益地寻求的东西——拯救、净化。

这个部分是不完整再现部后、连续演奏的、一个扩充了规模的尾声。音乐是谱例 13 音调的变形、扩展,由乐队全奏造成音乐的高潮:

谱例 16

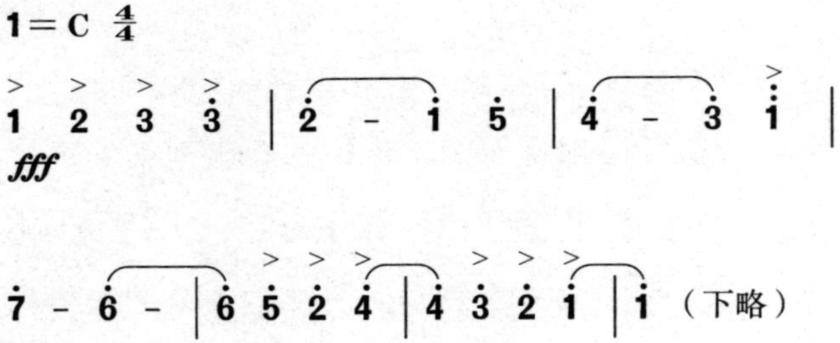

$1 = C \ \frac{4}{4}$

| 1 2 3 3 | 2 - 1 5 | 4 - 3 1 |

fff

| 7 - 6 - | 6 5 2 4 | 4 3 2 1 | 1 |(下略)

《死与净化》是里夏德·施特劳斯音诗中最流行的一部作品,但是,今天的评论界却认为这是一部比较缺乏独创性和新鲜感的作品。在这首乐曲里虽有瓦格纳主义的呻吟、主题的音乐个性被过分华丽的配器所淹没等不足之处,但它仍不失为一部很具里夏德·施特劳斯特色的保留曲目。

《蒂尔恶作剧》

此首作品（Op.28）是根据欧洲国家古代的戏谑风尚而作。蒂尔·奥伊伦施皮格尔是北欧文艺复兴时代的真实人物，以好开玩笑及恶作剧著称。16世纪，关于他的传说见于荷兰、丹麦、瑞典、拉丁、捷克及英、法等多个国家的文学作品中。19世纪比利时作曲家查尔斯·德·考斯特曾创作了《关于蒂尔·奥伊伦施皮格尔的传说》，可能是这首乐曲激起了里夏德·施特劳斯创作这首音诗的欲望。

在里夏德·施特劳斯的性格中也有类似蒂尔的特点,这也许是他采用这个古老传说的另一个原因。他曾计划为此写一部歌剧,可是《贡特拉姆》的失败使他暂时没有勇气再写歌剧。于是,他转而采用管弦乐创作这个题材,并且没有称为"音诗",而用"回旋曲"来命名。同前两部音诗不同,这首乐曲没有采用单乐章奏鸣曲式,而用较自由的回旋曲结构,其中每次出现的主要主题,分别描写了蒂尔一次次的冒险经历。

起先,里夏德·施特劳斯并没有为乐曲写文字说明。首演时,指挥弗朗茨·维尔纳想写一段文字来帮助听众理解乐曲。里夏德·施特劳斯指出:让听众理解乐曲,只要指出代表蒂尔的两个主题就行了。它们是:

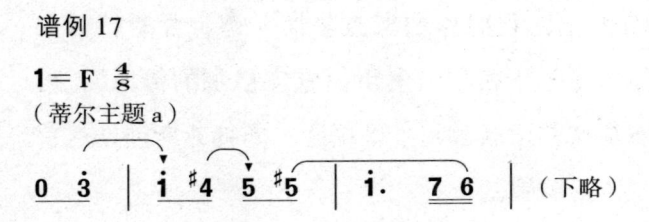

谱例 17

$1 = F$ $\frac{4}{8}$

(蒂尔主题 a)

| 0 3 | 1̇ #4 5 #5 | 1̇. 7 6 | (下略) |

1 = F $\frac{6}{8}$

（蒂尔主题 b）

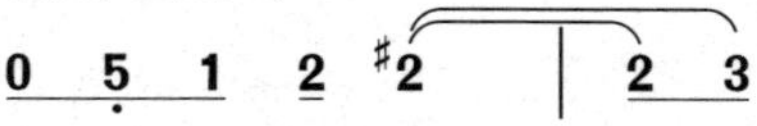

<u>0 5</u> 1 2 #2 | 2 3　（下略）

它们在不同场合、以各种形态出现在乐曲中，直到蒂尔将被送上绞刑架时，"死"的动机响起来了：

谱例 18

1 = C $\frac{2}{4}$

4 | ♭5 - |（下略）

其余的就让科隆市民们去猜吧，这个谜本来就是对他们开的一个玩笑。

后来，威廉·莫克为乐曲写了一段指南，里夏德·施特劳斯加以首肯，还在乐谱的几处地方标上了重要的文字提示（即下文加引号的词句）。

乐曲的引子是由代表蒂尔的两个主题动机（见谱例 17）舒展、温柔地引出全曲："从前，有个爱恶作剧的人……"圆号独奏的主题上，标有"他的名字叫蒂尔·奥伊伦施皮格尔"。

谱例 19

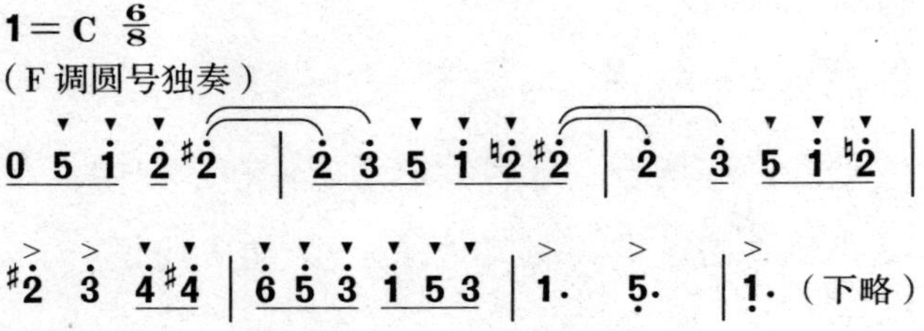
1＝C 6/8
（F 调圆号独奏）
（下略）

“死”的动机（见谱例 18）每次出现在引子（见谱例 19）不同的节拍上，细致地刻画蒂尔机智、圆滑、令人捉摸不透的性格。弦乐震音伴奏下的圆号独奏，与双簧管、单簧管应答着这个动机，音乐在一个短而热烈的高潮处结束了引子。

一个延长音符和短暂休止符之后，第二个蒂尔主题出现了，它更为生动且更有嘲讽意味。

谱例 20

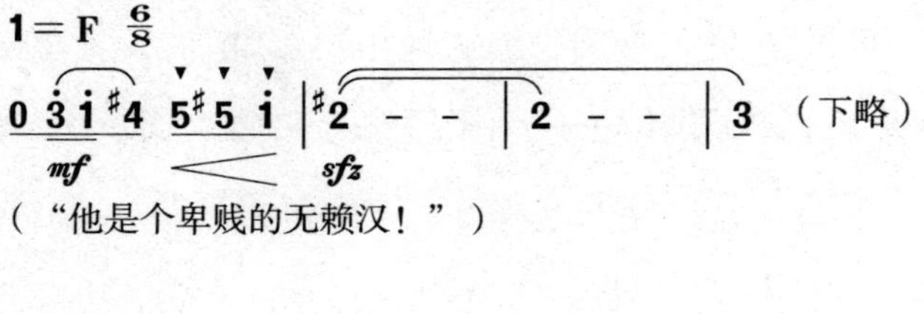
1＝F 6/8
mf
sfz
（下略）
（“他是个卑贱的无赖汉！”）

接着是个展开性段落,音调素材来自蒂尔主题 a(见谱例 17)。音乐似乎没有标题性内容,只是充满了诙谐、活泼的气质。里夏德·施特劳斯只写了"直到下一个恶作剧"几个字。

随后是个插部("你等着吧,你这谄谀者!")。单簧管的上行乐句("跃起来!他骑马从市场妇女们头上掠过")后是一声响亮的钹,蒂尔骑着马捣了一个大乱后"带着战利品离去"。这时,音乐有个暂停,蒂尔藏在一个老鼠洞里等候时机。他的下一个冒险是"假扮成一位神父,且他慢慢地失去热情"。

这里才是回旋曲式真正的 B 部主题:

谱例 21

$1 = {}^\flat B \quad \frac{2}{4}$

(中提琴和巴松管)

$\underline{5}$ | $3\ 3\ 3\ 2$ | $1.\underline{2}\ \underline{3}\ \underline{5}$ | $4\ 3\underline{0}\ \underline{4}\ \underline{3}$ | $2\ 6\ 5\ 0$ |(下略)

p

蒂尔在讲道时也没有忘了他的恶作剧:"他从大

拇指缝里偷看（D调单簧管突然响起），他感到一种恐怖，对宗教的嘲弄将会给他带来什么结果？"这确是危险的行为：

谱例 22

$1=F$ $\frac{2}{4}$

（小提琴和加弱音器的铜管）

$\widehat{6\ {}^{\#}5\ 6\ 4}\ \ 0\ \widehat{6\underline{5}6}\ |\ 4\ \widehat{6\ {}^{\#}5\ 6}\ 4\ \widehat{6\underline{5}6}\ |\ 4\ 2\ 6\ 2\ {}^{\#}1\ 2\ |\ \dot{3}\ 0\ |$（下略）

mf

他尽力驱除这可怕的预感。小提琴独奏从最低音开始的一段滑奏直接转向下一次冒险。

谱例 23 是谱例 20 的变形，它变得非常温顺，是"骑士蒂尔对漂亮姑娘的甜言蜜语"：

谱例 23

$1=C$ $\frac{6}{8}$

$0\ \ 0\ \ \underline{5\ \dot{3}}\ \ 6\ \ 7\ \ \dot{1}\ \ |\ \ \dot{3}\ \ \dot{2}\ \ 7\ \ 5$ （下略）

蒂尔的罗曼史并不顺利，圆号的曲调和滑音表明

"他确实弄得很糟":

谱例 24

$1=F \quad \frac{6}{8}$

$0 \; \underline{6\dot{2}{}^{\flat}\dot{3}} \; | \; {}^{\flat}\underline{3} \; \underline{4} \; \underline{2} \; \underline{6} \; | \; \underline{6} \; - \; - \; | \; 5 \; - \; - \; | \; {}^{\sharp}\underline{5} \; \underline{6}$ (下略)

("他向她求爱。")

当然,她很妩媚可爱,但最终"她还是抛弃了他"。蒂尔被激怒了,"他发誓要向所有人复仇"。代表蒂尔的两个主导动机(见谱例17)展开得越来越激烈,四支圆号的鸣响仿佛是蒂尔复仇的宣言。

蒂尔来到一群小学教员中间(巴松管和低音单簧管代表他们的形象)。蒂尔向他们提问(蒂尔主题 b 的陈述,见谱例17),他向他们提出几个带恶意的难题使这群腐儒们哑口无言。音乐描写了这群书呆子可笑的形象。这段音乐类似谐谑曲,高潮的地方分别再现了蒂尔主导动机(见谱例17)和蒂尔恶作剧的动机(见谱例21)。

一阵鼓声响起,蒂尔被带到法官面前。他漫

不经心地吹着口哨，不多一会儿，他发觉大事不妙，不寒而栗（谱例18"死"的动机响起）。一切都晚了，蒂尔在绞刑架上悬晃。悠然乎，他的灵魂离开了肉体，随着最后的一下抽搐，蒂尔完蛋了。音乐对这最后的恐怖场景作了细致入微的描写。最后，乐曲在蒂尔主导动机a（见谱例17）的再现和扩展中结束。

里夏德·施特劳斯笔下的蒂尔是个好心肠和可爱的家伙。在这首乐曲里，到处洋溢着奥地利民族的幽默天性，里夏德·施特劳斯写出了一个新的蒂尔形象。这首充满活泼、玩笑情趣的乐曲，成为里夏德·施特劳斯最通俗易懂的作品之一。

《查拉图斯特拉如是说》

尼采早年对瓦格纳的崇拜、他著作中的行文之美，以及他的无神论、仇视教会的态度，深深地吸引了里夏德·施特劳斯。正是由于这些，理夏德·施特劳斯以尼采的哲学诗《查拉图斯特拉如是说》为题，创作了同名音诗作品（**Op.30**），这是需要相当勇气的。

查拉图斯特拉（希腊人称他"琐罗亚斯德"）确有其人。他是公元前 6 世纪的一个波斯人，自称是阿胡拉·马兹达（光明与善良之神）的预言者。与原始佛教同时出现的琐罗亚斯德教的教义认为，人是阿胡拉·马兹达与安哥拉·曼纽（黑暗与罪恶之神）争夺的焦点。尼采用古代预言者查拉图斯特拉的名义，说出了他对人类命运和意志的看法。

尼采笔下的查拉图斯特拉独居山穴，远离人群，还不时地向人类传播自己独居期间悟出的道理。全诗由八十多节组成，各有小标题，记的就是查拉图斯特拉布道的话，每节末尾有"查拉图斯特拉如是说"的字样。贯穿全诗的中心思想，是在超人的祭礼上，查拉图斯特拉所说的话：

我教给你什么是超人。人类是该被征服的生物……对人来说什么是猿？羞耻的嘲弄就是……人因而必须成为超人……人的伟大在于，他不是终极目标而是过渡。超人包含着大地。

查拉图斯特拉不断地向着这个神秘的目标前进，强烈的反躬自省帮助他渡过了一次精神危机。从此，他成了灵魂净化了的生物。

尼采在自传《看哪！这人》中说过，完全可以把《查拉图斯特拉如是说》视为一首乐曲。里夏德·施特劳斯写音诗时还不知道尼采的这番话（因为尼采自传在十二年之后才问世），但是，从两位作者的构思来看，可以用音乐来表达这本书的内涵。

里夏德·施特劳斯选了诗中八节的小标题，运用19世纪标题音乐的创作原则，写了人与自然间的智慧较量。通过查拉图斯特拉这个象征性人物，说明人由原始生物向超人的过渡、转变。里夏德·施特劳斯还是慎重地在曲名旁标明"自由地根据尼采（诗作）改编"。因为他清楚，音乐语言不可能直接传达尼采名作的内容。他表达了自己并不准备写哲理音乐或用音乐为尼采画像，是要用音乐表达人类的进化过程：从原始状态经过宗教、科学的不同发展阶段，到达尼采的"超人"理想境界。《查拉图斯特拉如是说》是尼采才能的最伟大的范例，这首音乐作品表达了里夏德·施特劳斯对天才尼采的崇敬。

音诗出版时,扉页上印着尼采诗作的前几段话:

年届三十的查拉图斯特拉离开了家乡,走进了深山。他在那里待了十年,精力充沛,意志刚强。有一天早上,他改变了主意,在绯红的晨曦里,他起身走向太阳,对它说:

"伟大的星球!假如你照耀的行星不复存在,你会是多么快乐。"

"十年来,你在我住的岩洞外升起。假如你的光芒不曾照出我的恶行,你会厌倦它们。"

"每天早晨,我们等待着你,为了你的光芒而祝福你。"

"噢!我厌倦我的智慧,它们如同蜜蜂聚集在花粉旁,我要伸手去摘取。"

"人类会嫉妒它们的愚蠢与它们的可怜和欢乐,我会公平地给予它们。"

"我行将去人间,就像你每晚走到海洋的另

一面,给另一个世界以光芒一样,你这光芒四射的星球!"

"闭上你的双眼而祝福人类!"

"祝福在天上飞翔的圣杯,水中也许会流出黄金来,把你的祝福折射到每一个角落!"

"当圣杯空了的时候,查拉图斯特拉再次成为一个人。"

——于是,查拉图斯特拉下凡了。

音诗的引子由四支小号齐奏 C 大调主音与属音,这是"人性"动机——全曲最重要的动机:

谱例 25

$1 = C \quad \frac{4}{4}$

| 1 | - | 5 | - | $\dot{1}$ | - | - | - | (下略)

管弦乐队加上管风琴的应答,产生了辉煌有力的音响效果。空五度音程三次陈述,调性交替于大调与小调之间,象征着人类性格复杂多变的方面。

I. 关于彼岸世界的人们

尼采在这一节里,讨论了人的原始宗教、人对神的崇拜:"从前,我确像所有彼岸世界的人一样,按自己的幻象塑造了'非人'。真的是'非人'吗?我所创造的神同所有的神一样,是人的作品和人的疯狂所产生的!"里夏德·施特劳斯把尼采的这段话加上泛神论色彩,试图说明"彼岸世界"存在着更美好、真实的东西,一切宗教所追寻的正是这些。

圆号演奏格里高利圣咏中"信经"的平素歌旋律,气氛压抑、冷漠,代表了基督教会对人的精神解放的仇视。但是,人的愿望是不可扼杀的,十六声部的弦乐组及管风琴将音乐引到一个狂喜的高潮。之后,英国管结束了这段情感宣泄式的音乐,中提琴独奏漫无目的地遨游并过渡到下一部分。

II. 关于伟大的渴望

里夏德·施特劳斯借用尼采的标题,揭示了人类灵魂从愚昧迷信到自我解放的强烈渴望。

B大调平行三度的旋律显示出里夏德·施特

劳斯音乐特有的甜蜜：

谱例 26

1 = B 2/4

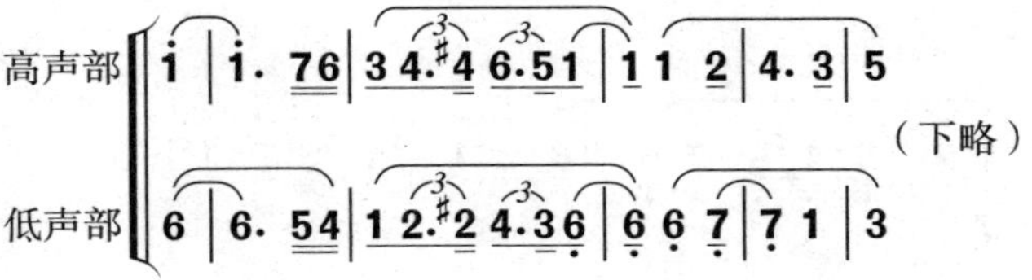

高声部：i | i. 76 | 34.⁽³⁾4 6.⁽³⁾51 | 1 2 | 4.3 5
（下略）
低声部：6 | 6. 54 | 1⁽³⁾2.2 2⁽³⁾4.36 | 6 6 7 | 7 1 | 3

人的本性和宗教信条之间，闯入了人类要求精神解放的欲望。人的本性音调在 C 大调上：

谱例 27

1 = C 2/4

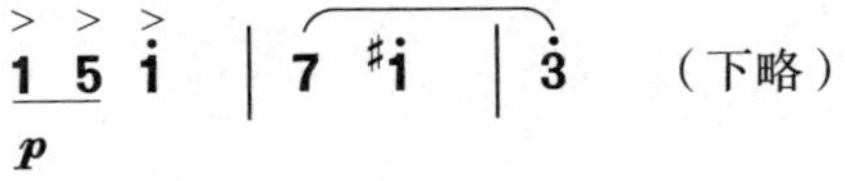

1 5 i | 7 #i | 3 （下略）
p

而其他声部则停留在先前的 B 大调上，这是多调性风格的写法。基督教由"信经"曲调和管风琴音响代表。一个新的、冲动式的动机表现了查拉图斯特拉对本性与宗教的反抗，后来逐渐压倒了

其他所有动机,以渐强、丰满的音响和积蓄的热情结束第二部分:

谱例 28

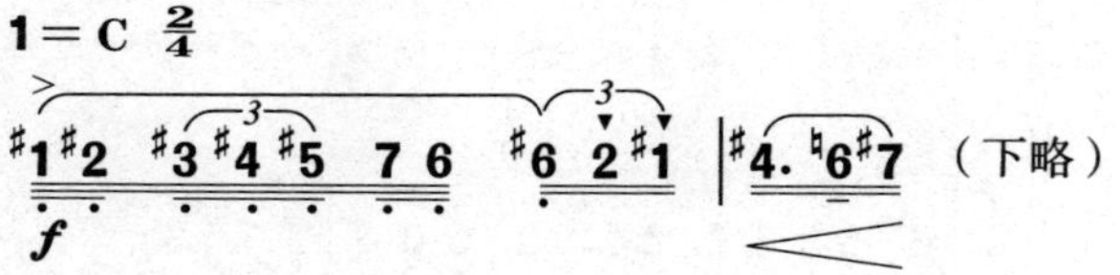

$1=C$ $\frac{2}{4}$

(乐谱)（下略）

III. 关于欢乐与痛苦

这是个典型的里夏德·施特劳斯式热情的音乐部分,同尼采原章节自我否弃的哲学没有相似之处:

谱例 29

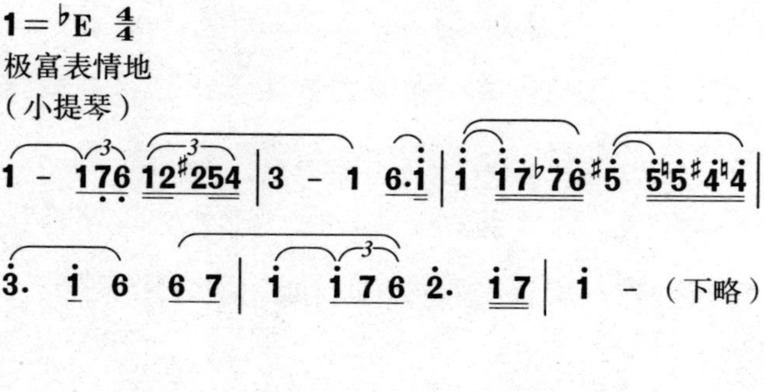

$1={}^\flat E$ $\frac{4}{4}$
极富表情地
（小提琴）

(乐谱)（下略）

接下来这段音乐的高潮是由长号奏出的"厌恶或满足"动机：

谱例 30
1＝C $\frac{4}{4}$

4 － ｜ 4 7 i#1 2#2 ｜ 3 － #5 － ｜ 1. （下略）
ff

Ⅳ. 墓地之歌

这部分音乐的主要素材来自谱例 29，描写生命与死亡的搏斗。音乐发展不断高涨，在高潮处响起了小号嘹亮的"人性"动机（见谱例 25），仿佛阳光穿透了层层迷雾。很快音乐又转入哀思气氛，以示人继续同压抑自己的命运作殊死拼搏，胜负难分。

Ⅴ. 关于知识

这个赋格段描写了人在获取知识时所付出的艰辛劳动。赋格段从低音提琴开始，五小节内似乎有四个不同调性，但可以看出它的原型来自"人性"动机（见谱例 25）：

谱例 31

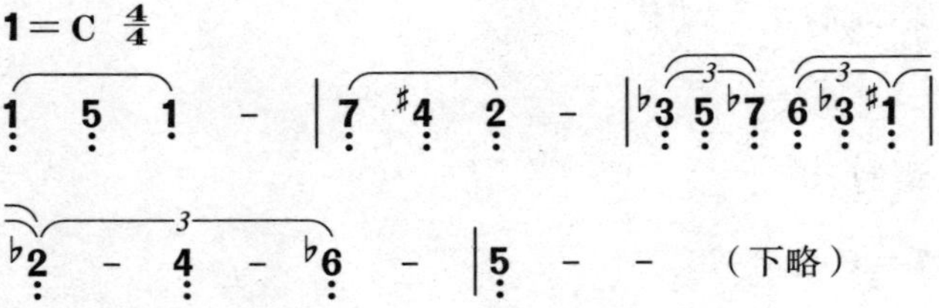
1＝C 4/4
（下略）

这段艰难的赋格段之后，音乐又回到了甜蜜的平行三度写法，似乎人再次得到了自由：

谱例 32

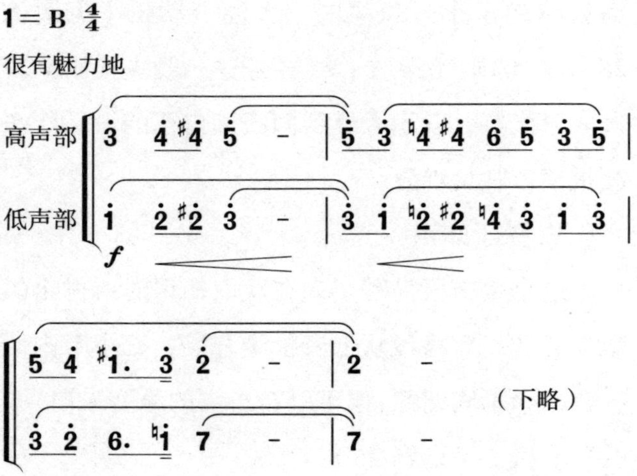
1＝B 4/4
很有魅力地
高声部
低声部
f
（下略）

两架竖琴及弦乐伴随着木管乐器,奏出了一首充满幻想色彩的舞曲:

谱例 33

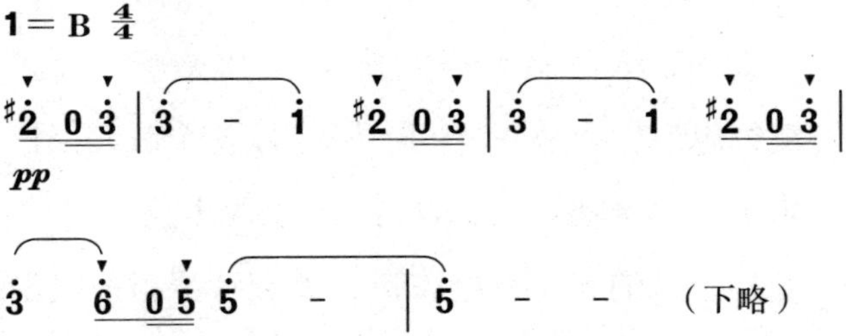

$1=\text{B}\ \frac{4}{4}$

#2 0 3̇ | 3̇ - 1̇ #2 0 3̇ | 3̇ - 1̇ #2 0 3̇ |

pp

3̇ 6̇ 0 5̇ 5̇ - | 5̇ - -　　（下略）

接着"人性"动机打断了舞曲,"厌恶"动机（见谱例 30）反复出现,并同赋格段的音调混合在一起。

VI. 康　复

尼采原诗的这一章节写查拉图斯特拉突然从山洞内的病榻上跃起,发疯似地吼叫,然后像死了般地卧地七天之后渐渐康复。然而,此刻他已获得新的生命,充分理解了自己在世上的使命,对世界有了新的认识。

乐曲的赋格段达到高潮时,全乐队极强地奏出C大调和弦,铜管响亮地吹出"人性"动机。短暂的寂静之后是一个阴沉的片段,所有低音乐器——低音提琴、低音大管、低音单簧管和第二大号等,轮流演奏起"厌恶"动机(见谱例30)。

随之,人的灵魂奋力勃起。"出来吧,深奥莫测的思想!我是公鸡,我是黎明,这个瞌睡虫!出来吧!出来吧!我将宣告你的苏醒!"

接下来的音乐有些诙谐,单簧管滑稽地吹出了"厌恶"动机,独奏大提琴奏出了充满幻想的舞曲节奏(见谱例33),超人准备跳舞了。

Ⅶ. 舞蹈之歌

维也纳圆舞曲响起了,它从"人性"动机演化而来,小提琴独奏出华尔兹的节奏:

谱例34

$1 = C \ \frac{3}{4}$

$\underline{1 \quad 5 \quad \dot{1}} \ | \ \dot{1} \quad \underline{5\ \dot{1}\ \dot{3}}^{3}\ \dot{5} \ | \ \overset{>}{\dot{3}} \quad - \quad - \ |$

舞蹈越跳越热烈，"厌恶"动机不断闯入，"人性"主题和华尔兹主题结合在一起，达到舞曲的高潮。午夜钟声响了十二下，乐曲进入最后一段。

Ⅷ.夜游者之歌

查拉图斯特拉被一群弟子们围住，他打断了弟子们的舞蹈，向他们讲道。钟声响起了，他发出了警告："人啊！要小心！"

"厌恶"动机再现，它渐渐增强并扩大开来。钟声一下比一下轻柔，"满足"动机响起，查拉图斯特拉达到了满足的顶点。最后，"人性"超出了人类所能取得的一切，成为宇宙万物的主宰。全曲在"人性"动机的宏伟再现中结束。

乐曲的结尾在人与"人性"的冲突中完成，这与尼采诗的结尾完全不同。因为里夏德·施特劳斯事先曾声明，乐曲自由地根据尼采诗作改编，出于音乐结构的需要,他改动原作结尾无可厚非,何况先例早已有之(李斯特根据拉马丁诗《前奏曲》所作的交响诗,结尾也同原诗大相径庭)。

音诗《查拉图斯特拉如是说》曾引来不少批评,如对原作深刻的哲学内涵作肤浅的音乐描述,有些段落(如华尔兹段落)体现了低下的创作趣味低下等。但是,音乐与哲学语言毕竟相去甚远,何况里夏德·施特劳斯选用尼采巨作为题作曲,这本身就需要胆量。至于乐曲的通俗写法段落,这同作曲者的音乐风格特征并不矛盾,而且这些段落后又有交响性发展,很快就弥补了暂时的风格差异。

就音乐本身来说,音诗的结构十分自由,不像奏鸣曲式、回旋曲式,它突破了传统曲式的规范,采用主题陈述与发展相交替的写法,可以称为自由幻想曲式。这也是里夏德·施特劳斯音诗创作历程上的一次突破。

《堂吉诃德》

堂吉诃德是西班牙文学家塞万提斯笔下的一个人物,据说确有其人。他原是西班牙拉曼却地区的一个绅士,整天醉心于读关于骑士的书,后来喜欢冒险并当了一个义侠式的骑士。可惜他力不从心,干了不少荒唐的事,最后死于病榻上。文学上的这样一个典型人物曾激发不少西方艺术家的创作灵感,以他为题材创作音乐作品的有普塞尔、多尼采蒂、泰勒曼、门德尔松和鲁宾斯坦等人。

里夏德·施特劳斯没有将这首乐曲(Op.35)

直接称为音诗,而称为幻想变奏曲,这在他的音诗、也在所有罗曼化交响诗中,堪称一次大胆的实验。倘若他没有熟练驾驭大管弦乐队的能力,没有对各种乐器音色的高度敏感,他就不可能采用变奏曲形式处理这样一个传奇性题材。乐曲中,大提琴独奏通常代表堂吉诃德的形象,于是有人称这是一首协奏曲式的作品。其实不然,乐曲中还有其他乐器的各种组合段落。例如,中提琴独奏(中提琴独奏代表堂吉诃德的忠实随从桑丘·潘萨的形象)经常同高音大号与低音单簧管组合在一起;大提琴独奏常与小提琴独奏互相组合等。尽管里夏德·施特劳斯本人晚年指挥该曲时,喜欢让首席大提琴单独坐在大提琴席位旁边,并在其他乐器齐奏时停止演奏(这是典型的协奏曲演出形式),但是,从乐曲本来构思的样式来看,它并非一部协奏曲。

整首乐曲有个较长的前奏,像是介绍堂吉诃德其人。塞万提斯曾写道:"堂吉诃德约莫五十岁,身板硬朗,高个子、瘦长脸,是位好骑手和狩猎迷……

他如此喜爱书房里那本论骑士游侠的书,以致忘了他的狩猎嗜好及家产。他的行为古怪到这般地步:他卖掉好几亩高粱地购买描写骑士的书来读。"

这样一个有趣的人物形象,乐曲从三个方面、用三个不同乐思来表现。

首先,乐曲表现了他的异想天开与无穷的想象力:

谱例 35

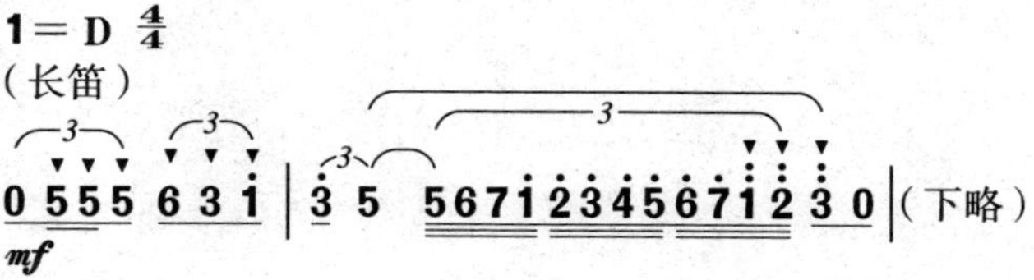

$1 = D \ \frac{4}{4}$
(长笛)

$\underset{mf}{0\ \overset{3}{\overline{555}}\ 6\overset{3}{\overline{31}}\ |\ \overset{3}{\overline{3\ 5}}\ \overset{3}{\overline{5671234567}}\ \overset{}{\overline{12}}\ 3\ 0\ |}$ (下略)

其次,表现他彬彬有礼的绅士风度:

谱例 36

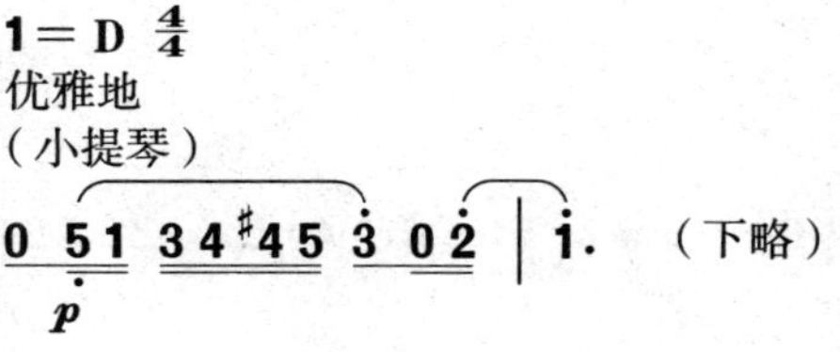

$1 = D \ \frac{4}{4}$
优雅地
(小提琴)

$\underset{p}{0\ 5\overset{\cdot}{1}\ \overline{3\ 4}\ {}^{\#}\overline{4\ 5}\ \overset{\cdot}{3}\ 0\overset{\cdot}{2}\ |\ \overset{\cdot}{1}.}$ (下略)

最后，表现他带有几分天真的古怪：

谱例 37

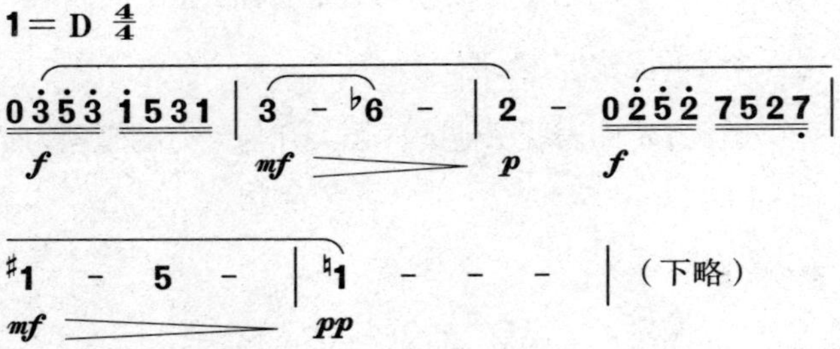

1＝D 4/4

0 3̇ 5̇ 3̇ 1̇ 5 3 1 | 3 - ♭6 - | 2 - 0 2̇ 5̇ 2̇ 7 5 2 7̣ |
f　　　　　　　　mf　　　　p　　f

♯1 - 5 - | ♮1 - - - |（下略）
mf　　　　　　pp

介绍了主人公之后，乐曲描写了他在书房读书的情景。双簧管吹起了一支甜蜜、高贵的旋律。他仿效骑士，为自己选定一位理想中的女性，他将为她赴汤蹈火、在所不辞：

谱例 38

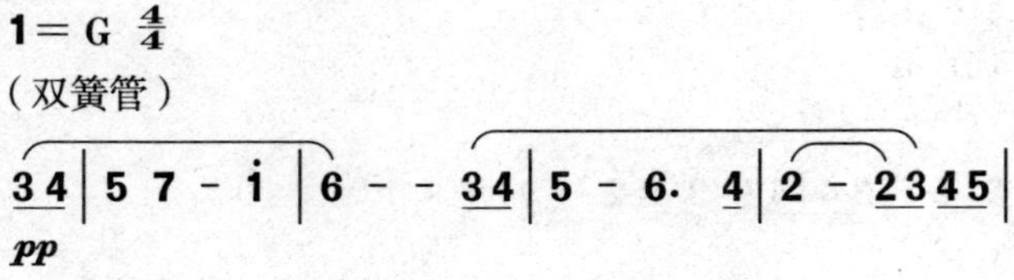

1＝G 4/4
（双簧管）

3 4 | 5 7 - 1̇ | 6 - - 3 4 | 5 - 6. 4 | 2 - 2 3 4 5 |
pp

♭6 ♭3 2 1 | 1 7 73 #4 6̲5 | #4. 7̣2 - |（下略）

此时，音乐的表情十分淡漠，因为堂吉诃德的邻居中根本没有这样一位女性，这只是他理想的幻影。后来，这个主题代表杜尔西内亚——一个住在埃尔·托博索小村庄附近的农家女。他曾暗地里爱慕她。

加弱音器的小号响起了，高音、低音大号及低音提琴也都加了弱音器。他的幻觉中出现了战胜巨龙的场面。从这里一直到前奏结束，弦乐和铜管乐都加着弱音器，描写这非现实的梦境。长笛（见谱例35）和双簧管（见谱例38）的主题对位式结合在一起，成为一段"爱情"二重奏。堂吉诃德终于回到他的书房中来，他下定决心当个侠客，开始了冒险的历程。低音单簧管和高音大号演奏着潘萨的主题（后来改由中提琴演奏）。堂吉诃德主题由大提琴独奏，赫然标在乐谱上：

谱例 39

1 = F 4/4

堂吉诃德主题
（大提琴独奏）

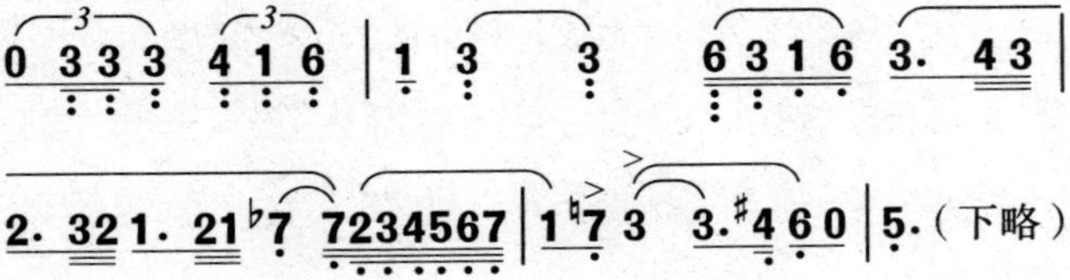

$\underset{\cdot\cdot\cdot}{0\ \overset{3}{3\ 3}}\ \underset{\cdot\cdot}{\overset{3}{4\ 1}\ 6}\ |\ \underset{\cdot}{1}.\ \underset{\cdot}{3}\ \ \ \underline{3}\ \ \ \underset{\cdot\cdot\cdot\cdot}{6\ 3\ 1\ 6}\ \underline{3.\ \underline{4\ 3}}\ |$

$\underline{2.\ \underline{3\ 2}}\ \underline{1.\ \underline{2\ 1}}\ \underline{{}^\flat 7}\ \underline{7\ 2\ 3\ 4\ 5\ 6\ 7}\ |\ \underline{1}\overset{>}{{}^\flat 7}\ \underline{3}\ \ \ \underline{3.\ {}^\sharp\underline{4}\ \underline{6}\ 0}\ |\ \underline{5}.\ （下略）$

标有"潘萨的主题"字样的旋律，也由含有三个性格特征的三个乐思构成。

首先，旋律描写了他作为一个乡下人的纯朴、憨厚：

谱例 40

1 = F 4/4

（低音单簧管和高音大号）

$\overset{4}{\tau}\ \underline{3\ 2\ 3\ 4}\ \underline{\underset{\cdot}{5}\ \underset{\cdot}{3}\ 0}\ \underline{\underset{\cdot}{4}\ \underset{\cdot}{6}\ 0}\ \underline{\underset{\cdot}{5}\ \underset{\cdot}{3}\ 0}\ |$（下略）

mf

其次，描写了他的心直口快：

谱例 41

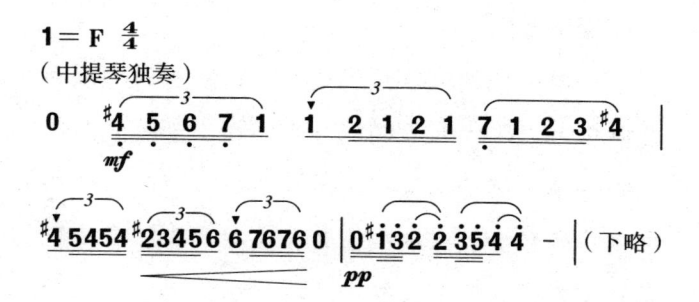

（中提琴独奏）

最后，描写了他好用寓言的癖好。中提琴演奏下面音型时，人们几乎可以见到潘萨在讲寓言时面部滑稽的表情：

谱例 42

变奏 I

堂吉诃德同风车较量，把它视为带长臂的巨型怪物。他攀上风车叶片，企图阻止它运转。结果,他被重重地甩到地面,摔得鼻青脸肿。

变奏Ⅱ

一群白色的绵羊从远处走来,堂吉诃德以为是阿里方发隆大帝率领的一支大军,于是他奋力向前冲去,被牧羊人扔来的石头打掉了门牙。乐曲用木管和加弱音器的铜管模仿羊叫声,英国管和长笛则模仿牧羊人的笛声:

谱例43

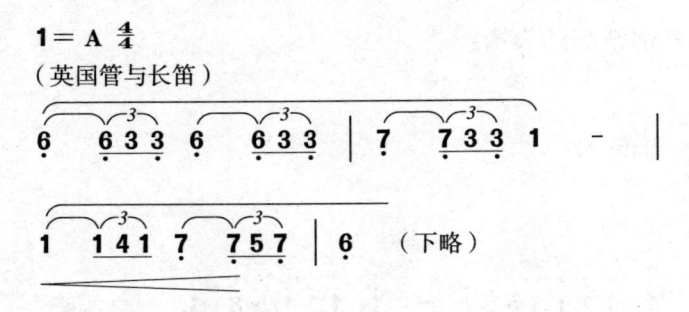

$1 = A \quad \frac{4}{4}$
(英国管与长笛)

$\widehat{6 \quad \underline{6 \; \overset{3}{3 \; 3}} \quad 6 \quad \underline{6 \; \overset{3}{3 \; 3}}} \mid \widehat{7 \quad \underline{7 \; \overset{3}{3 \; 3}} \quad 1} \quad - \mid$

$\widehat{1 \quad \underline{1 \; \overset{3}{4 \; 1}} \quad 7 \quad \underline{7 \; \overset{3}{5 \; 7}}} \mid \dot{6} \mid$ (下略)

变奏Ⅲ

里夏德·施特劳斯称这个变奏是"桑丘·潘萨的谈话、提问、请求和寓言,以及堂吉诃德的教诲、劝慰和许诺。"这个变奏又分两个部分。

第一部分是堂吉诃德与潘萨的谈话——堂吉诃德耐着性子答复着潘萨无休止的问话,小提琴独奏中不时地插入中提琴演奏的乐句。第二部分从升F大调开始,表现堂吉诃德眼中的幻象——巨兽和龙,以及他将搭救的少女和征服的王国。堂吉诃德的主题变为另一种样式:

谱例44

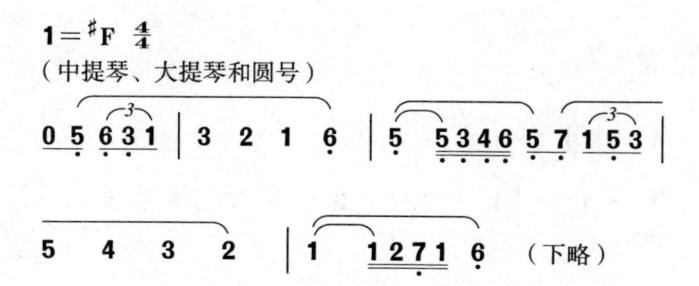

$1 = {}^\sharp F \quad \frac{4}{4}$
(中提琴、大提琴和圆号)

$\underline{0\ 5\ \overset{3}{\overline{6\ 3\ 1}}} \mid 3\ 2\ 1\ \dot{6} \mid \underline{5\ \underline{5\ 3\ 4\ 6}\ \underline{5\ 7}\ \overset{3}{\overline{1\ 5\ 3}}}$

$5\ 4\ 3\ 2 \mid 1\ \underline{1\ 2\ 7\ 1}\ \dot{6}$ (下略)

代表少女的主题(见谱例38)及其展开,构成了这个变奏段落的高潮——一个充满幽默感的情感表现乐段。

变奏 Ⅳ

一群信徒抬着圣母玛利亚的画像前来为久旱

的家乡土地求雨,音乐来回反复下列音型,由远及近,听起来像对圣母的祷告声:

谱例 45

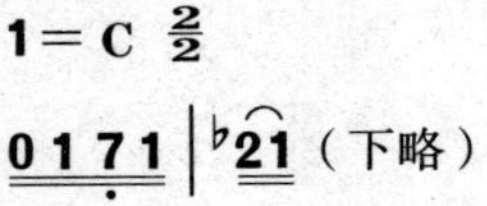

$1=C$ $\frac{2}{2}$

0 1 7 1 | ♭2 1（下略）

这时,一支礼拜歌曲的曲调传来:

谱例 46

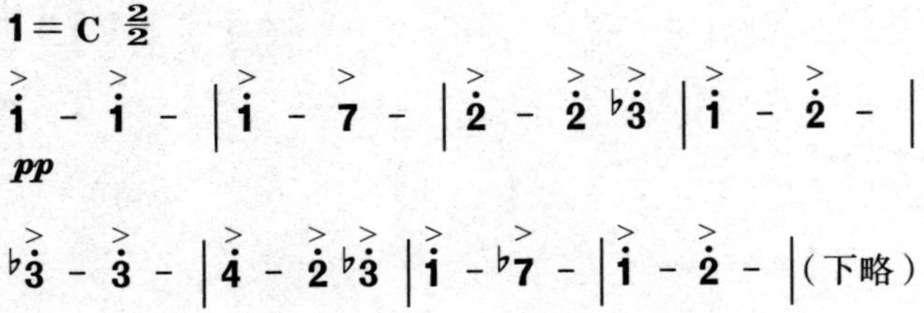

$1=C$ $\frac{2}{2}$

$\dot{1}$ - $\dot{1}$ - | $\dot{1}$ - 7 - | $\dot{2}$ - $\dot{2}$ ♭3 | $\dot{1}$ - $\dot{2}$ - |
pp

♭3 - 3 - | $\dot{4}$ - $\dot{2}$ ♭3 | $\dot{1}$ - ♭7 - | $\dot{1}$ - $\dot{2}$ - |（下略）

然而,在堂吉诃德眼里,这是一群亡命徒前来挑战。他奋然迎上前去,终被众人打昏在地上。信徒们继续上路,音乐由近及远。

变奏 V

夜晚,潘萨入睡了,堂吉诃德仍在幻想着他心目中理想的女性——杜尔西内亚。在银色的月光中,乐曲进入了抒情的段落:

谱例 47

$1 = C$ $\frac{4}{4}$

0 1 7 1 | ♭2 1 0 ♭5 4 7 ♭6 6 6 5 ♭5 4 4 3 | 5 4 4 ♭6 1 4 ♭6 (下略)

变奏 VI

堂吉诃德和桑丘·潘萨去埃尔·托博索拜访杜尔西内亚——骑士心目中最完美的女性。音乐响起了两支双簧管演奏平行三度的带诙谐性的曲调,杜尔西内亚与她的两位女伴消失在丛林里——这不是骑士钟情的少女,仅仅是普通的三位农村姑娘。堂吉诃德彬彬有礼地向她致敬(见谱例 36)。中提琴独奏出了变奏 V 中的主题,这是潘萨向他的"女主人"致敬。姑娘被弄得不知所措，急步走开了，丢下呆若木鸡似的堂吉诃德（见谱例37）。

变奏Ⅶ

堂吉诃德与潘萨到某地公爵宅邸做客。公爵夫妇为好玩起见，对俩人开了一个玩笑——让他们骑上一只木马玩具，闭上眼睛，骗他们是骑马遨游天空。长笛和竖琴滑奏代表风声呼啸，而长持续音D音却暗示他们双脚从未离开过地面。

变奏Ⅷ

堂吉诃德突然看到岸边系着一条小船，他马上意识到，它会把自己带到另一个险境。他拉着潘萨一起驾舟闯荡江湖。一个个滔天巨浪迎面打来，两个冒险者一次次地逃过死神的追逐。最后，他们上了岸，怀着虔诚的心情祈谢上苍。这段乐曲主要运用堂吉诃德的两个主题（见谱例35和谱例36），描写水波荡漾，以及与波涛搏斗的场景。最后，在表现他异想天开的主题变奏中结束了这一段落。

变奏 IX

堂吉诃德见到一队车夫护送着一驾马车，里面坐着一位假面少女，她去塞维利亚同丈夫团聚。迎面是两位木笃会僧侣，为防风尘戴着面具。堂吉诃德认定他们一定是来劫车的强盗，前去张扬游侠意气，同他们打了起来。尽管潘萨前来助战，但最后还是被僧侣们打得一败涂地。音乐用异想天开（见谱例35）主题代表堂吉诃德，两支巴松管的独白代表两位僧侣。

变奏 X

堂吉诃德家乡的武士卡拉斯科不忍心看着他在幻想中拿生命冒险，决心把他从危险的道路上拉回来。卡拉斯科扮作"明镜骑士"向堂吉诃德挑战，想打败他让他放弃那些疯狂的幻想。不料，这次堂吉诃德赢了，卡拉斯科负伤而回。不久，他又扮作"银月骑士"向堂吉诃德挑战，并且战胜了他，逼迫他许诺不再冒险。乐曲用大提琴独奏与管乐的对抗来描写这场恶战。最后，牧羊人的笛声代表主人公回归了田园生活：

谱例 48

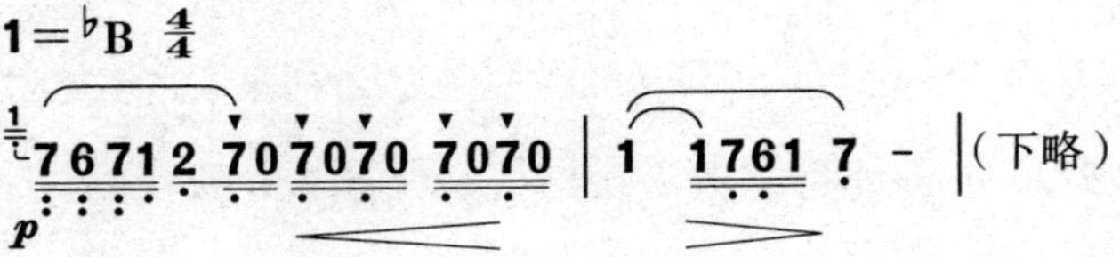
1=♭B 4/4
(下略)

终　曲

疯狂的幻想已成为过去，堂吉诃德回到家里，在病痛中死去。大提琴独奏出堂吉诃德主题的一个新的变形：

谱例 49

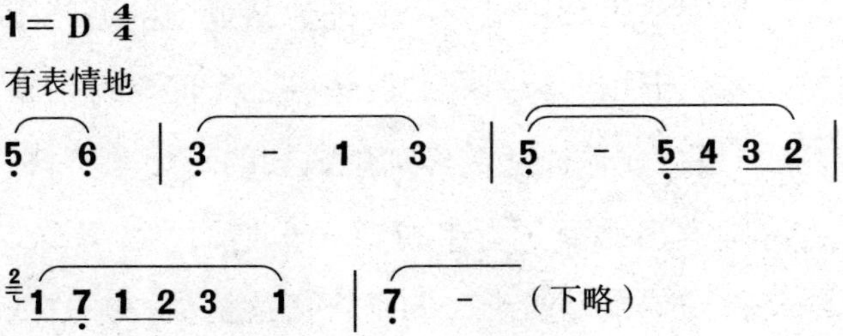
1=D 4/4
有表情地
(下略)

在大提琴独奏声中，全曲安静地结束。

就音乐的幽默气质和写作的成熟度来说，里

夏德·施特劳斯的其他作品再也没有超过《堂吉诃德》的了。它同《蒂尔恶作剧》一起,可称为晚期罗曼化管弦乐的两个高峰。除了大提琴独奏外,《堂吉诃德》乐队中的高音大号和另加的两支圆号,给演出带来了一定难度,因而较少作为音乐会保留曲目来演奏。

《英雄生涯》

这首作品（Op.40）是为大乐队而作。里夏德·施特劳斯认为，当代指挥家们很少有人喜欢贝多芬的《降E大调"英雄"交响曲》。为此，他决意要写一首以"英雄生涯"为题的音诗，也用降E大调圆号的声音象征英雄的形象，但是没有葬礼进行曲。后来，这首音诗受到人们的误解。因为乐曲采用了里夏德·施特劳斯前几部音诗作品的主题片段，所以，有些评论家批评这是作者以自己为英雄而写的自我吹嘘式的作品。实际上，里夏德·施特劳斯的自传式作品是《家庭交响曲》，他似乎没有必要以自己为英雄而写自传式的自我吹嘘作品。况且，他同往常一样，没有为《英雄生涯》加上文字解说。这是一部比较抽象地、空泛地探讨英雄主义的作品。

乐曲共分六个部分，基本上同快板奏鸣曲式的各部分相吻合。标题是美国人吉尔曼后来撰写节目单时起的，里夏德·施特劳斯旅美演出时，阅读后予以肯定。

I. 英　雄

弦乐、圆号用单旋律奏出冗长的第一主题（主部主题）——英雄：

谱例 50

$1 = {}^\flat E \quad \frac{4}{4}$

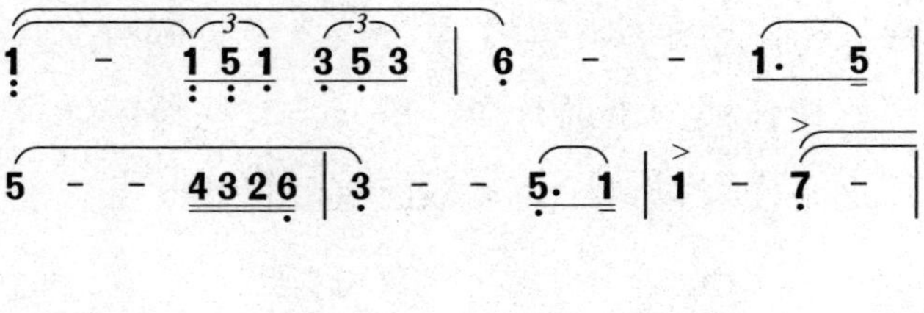

| 1 - 1̲5̲1̲ 3̲5̲3̲ | 6 - - 1. 5̲ |
| 5 - - 4̲3̲2̲6̲ | 3 - - 5̲. 1 | 1 - 7 - |

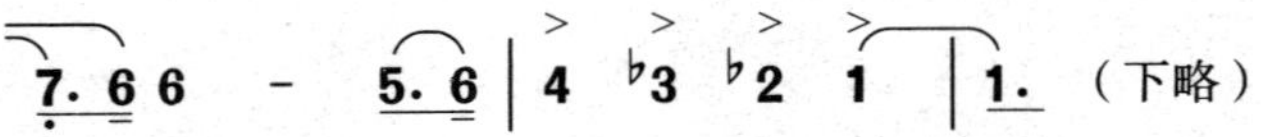

$\widehat{\underline{\dot{7}.\underline{6}}6}$ - $\widehat{\underline{5.\underline{6}}}$ | $\overset{>}{4}$ $\overset{>}{{}^\flat 3}$ $\overset{>}{{}^\flat 2}$ $\overset{>}{1}$ | $\underline{\dot 1.}$ （下略）

三个八度的宽广音域、几次上行大跳的旋法，同"英雄"性格的最主要方面相一致，表现出了"英雄"坚韧不拔的气概。主部主题呈示结束在一个 *fff* 的降 E 大调属七和弦上。

Ⅱ. 英雄的对手们

这部分相当于连接部。下列几个动机片段像是对手们恶意的诅咒声：

谱例 51

$1={}^\flat E$ $\frac{3}{4}$
（长笛）

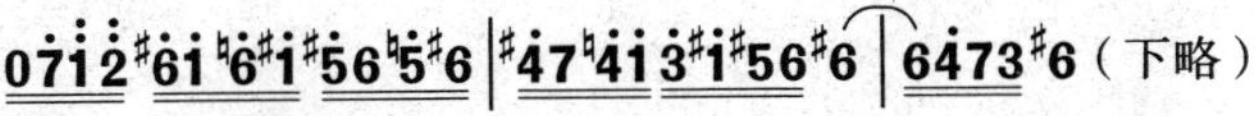

$\underline{07\dot 1\dot 2}{}^\sharp\underline{6\dot 1}\,{}^\flat\underline{\dot 6}\,{}^\sharp\underline{\dot 1}\,\underline{56}\,{}^\sharp\underline{5}\,\underline{6}$ | ${}^\sharp\underline{47}\,{}^\flat\underline{4\dot 1}\,\underline{\dot 3}\,{}^\sharp\underline{\dot 1}\,\underline{56}\,{}^\sharp\underline{6}$ | $\underline{6473}\,{}^\sharp 6$ （下略）
ff （十分尖锐刺耳地）

谱例 52

$1={}^\flat E$ $\frac{3}{4}$
（双簧管）

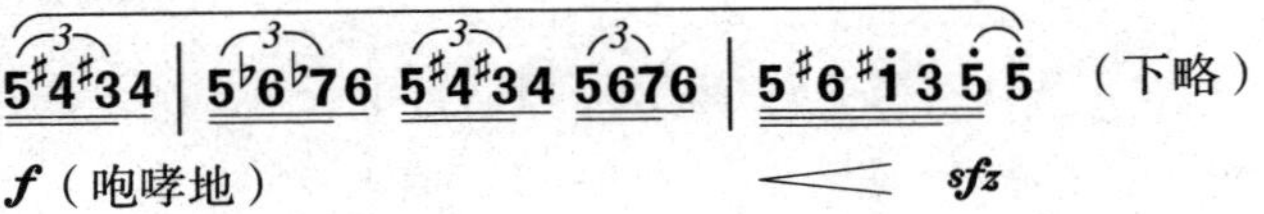

$\overset{3}{\underline{5{}^\sharp 4{}^\sharp 3 4}}$ | $\overset{3}{\underline{5{}^\flat 6{}^\flat 76}}$ $\overset{3}{\underline{5{}^\sharp 4{}^\sharp 34}}$ $\underline{5676}$ | $\underline{5{}^\sharp 6{}^\sharp\dot 1 3}$ $\underline{5\ 5}$ （下略）
f （咆哮地） $<$ *sfz*

谱例 53

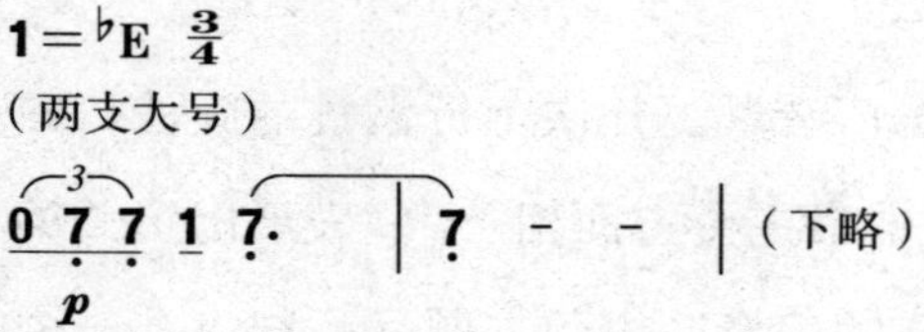

$1=\flat E$ $\frac{3}{4}$

（两支大号）

$\underline{0\ 7\ 7}\ 1\ \underline{\dot{7}\cdot}\ |\ \dot{7}\ -\ -\ |$（下略）

p

谱例 54

$1=\flat E$ $\frac{3}{4}$

（双簧管）

$\underline{7\ 1\ \sharp 1\ 2\ \sharp 2\ 3}\ \underline{4\ \sharp 4\ 5\ \sharp 5\ 6\ \sharp 6}\ \underline{7\cdot\ \sharp 7\ \dot{2}}\ |\ \dot{2}\ -\ -\ |$（下略）

$f\!f$

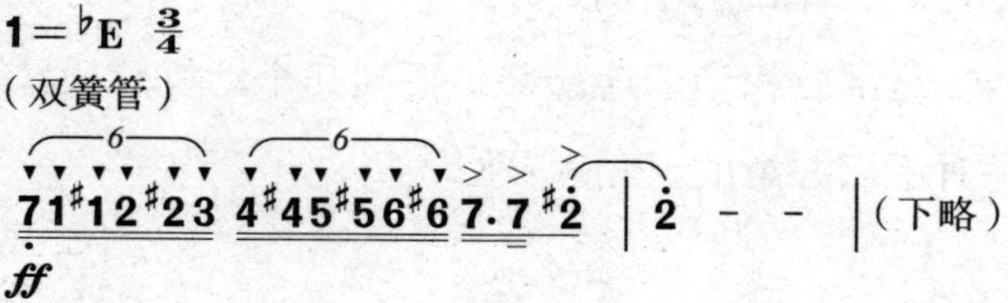

"英雄"的主题转为小调式，由大提琴、低音提琴低沉地奏出，表现"他"暂时被击倒。随后，出现一个新的、忧伤的旋律：

谱例 55

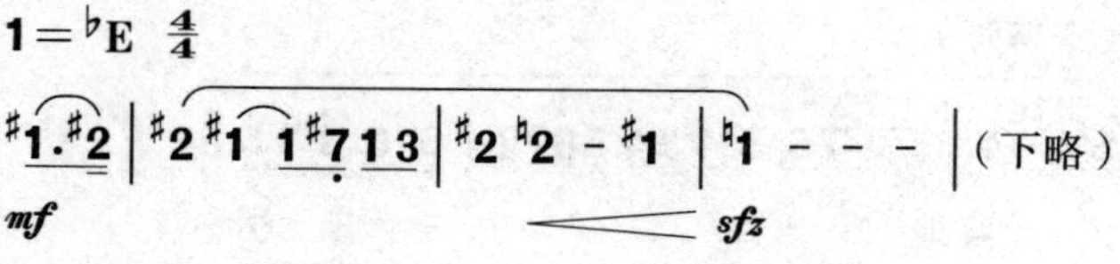

$1=\flat E$ $\frac{4}{4}$

$\sharp\dot{1}\cdot\sharp\dot{2}\ |\ \sharp\dot{2}\ \sharp\dot{1}\ \underline{1\ \sharp\underline{7}\ 1\ 3}\ |\ \sharp\dot{2}\ \flat\dot{2}\ -\ \sharp\dot{1}\ |\ \natural\dot{1}\ -\ -\ -\ |$（下略）

mf $s\!f\!z$

078

Ⅲ. 英雄的伴侣

这是第二主题（副部主题）的呈示部分。小提琴独奏代表着“英雄”妻子的形象，华彩乐段的写法展示了她的各种气质——有妩媚迷人的一面，也有古怪、娇气的一面。但是所有的主题、动机都集中在“她”与“英雄”的爱情主线上。

谱例 56

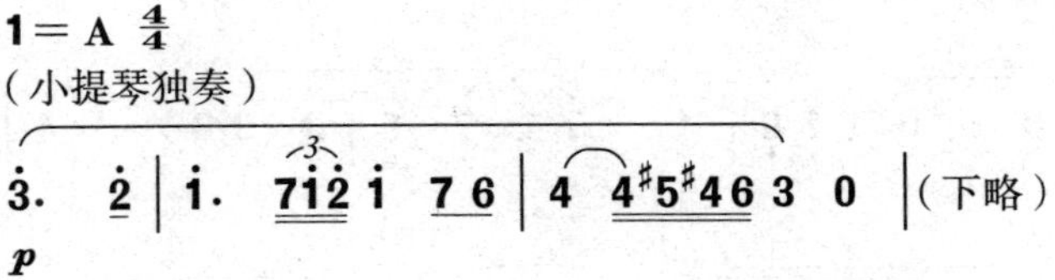
1＝A 4/4
（小提琴独奏）
p
（下略）

谱例 57

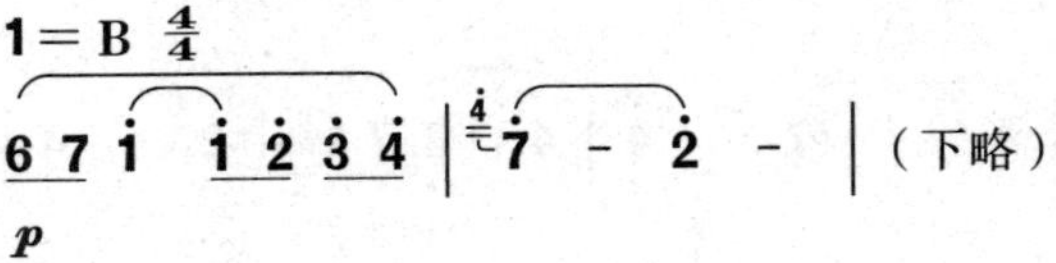
1＝B 4/4
p
（下略）

谱例 58

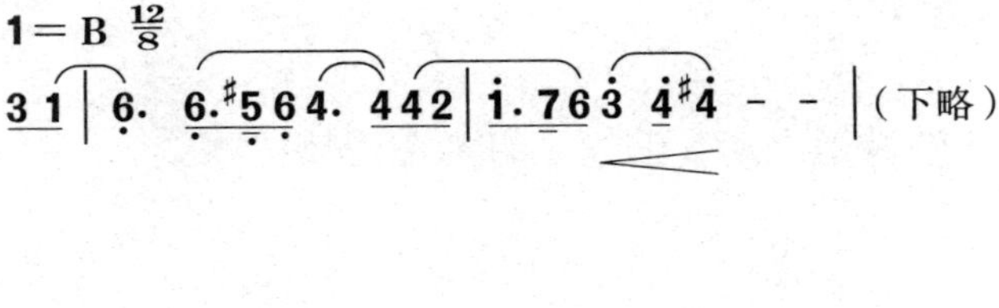
1＝B 12/8
（下略）

"英雄"主题呼应着"她"衷心倾诉的情歌。另一个以四度上行跳进为特征的主题,展现了"英雄"内心越来越炽烈的情感狂潮:

谱例59

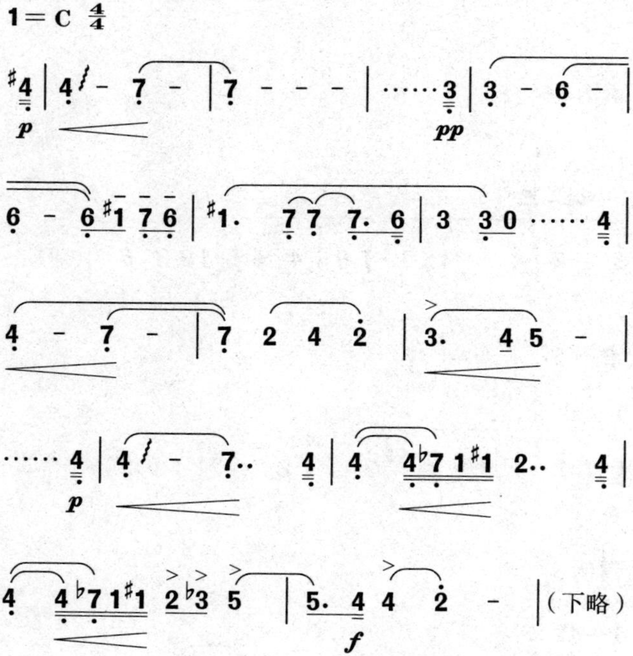

热情减退之后,响起了另两个爱情主题:

谱例 60

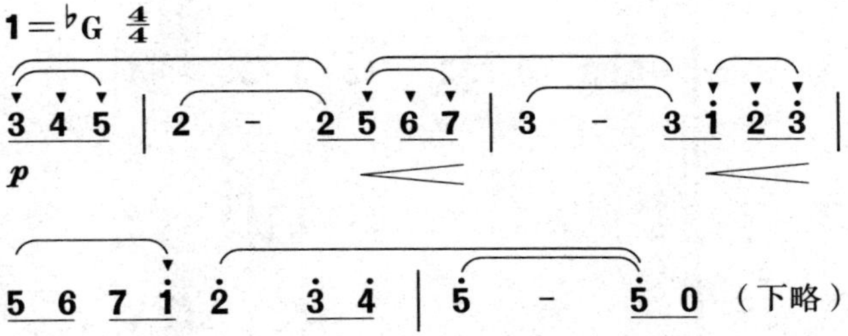

$1={}^{\flat}\text{G}$ $\frac{4}{4}$

3 4 5 | 2 - 2 5 6 7 | 3 - 3 1 2 3 |

p

5 6 7 1̇ 2̇ 3̇ 4̇ | 5̇ - 5̇ 0 （下略）

谱例 61

$1={}^{\flat}\text{G}$ $\frac{4}{4}$

3 | 4 - - 6 5 | 3 - - 5 |

5 7 6 5 4 2 | 1 - - 0 | （下略）

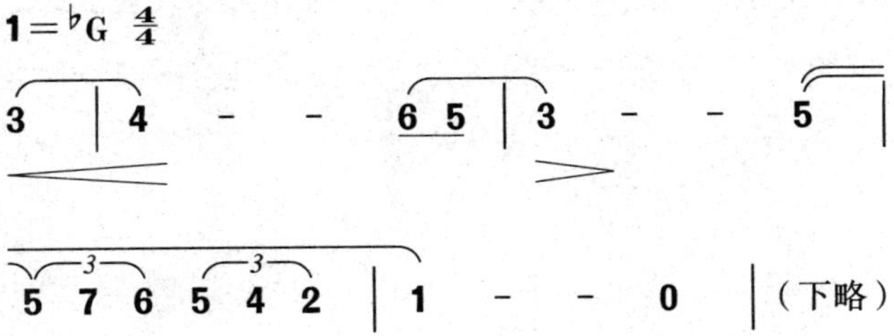

这两个爱情主题在音诗末尾更显出它们结构上的重要性。

Ⅳ. 英雄的战绩

这部分相当于展开部。幕后响起了三支小号的声音，这是战斗号角在召唤"英雄"走向战场：

谱例 62

$1=$ C $\frac{3}{4}$

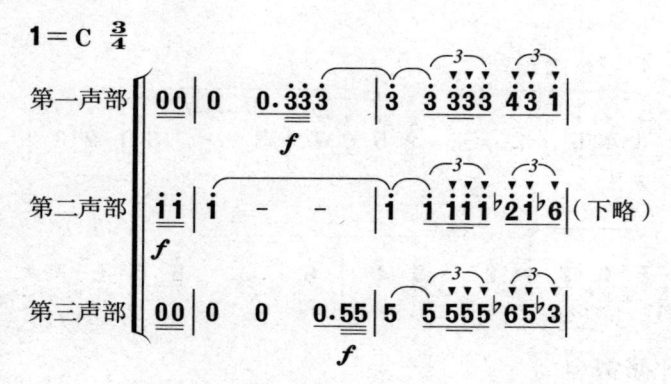

第一声部 ……

第二声部 ……（下略）

第三声部 ……

乐队也跟着走上了战场……欢呼声传来，他胜利了吗？"英雄"一阵沉默，"爱情"主题断断续续地响起（见谱例58）。

谱例 63

$1=$ ♭E $\frac{3}{4}$

……（下略）

创痛很快消失了，他开始从事他的和平事业。

V. 英雄的和平事业

这部分相当于再现部。"英雄"主题再次响起,并且回顾了里夏德·施特劳斯其他作品的片段,如《唐璜》(谱例 6)、《死与净化》(谱例 9 和 13)、《堂吉诃德》(谱例 35 和 36)、《蒂尔恶作剧》(谱例 30),以及歌剧《贡特拉姆》中的主题片段。"英雄"似乎不停地提问,对自我价值进行评估。

VI. 英雄隐世

音乐渐渐回到 C 大调,英国管吹出了"英雄"主题的田园牧歌式的变体:

谱例 64

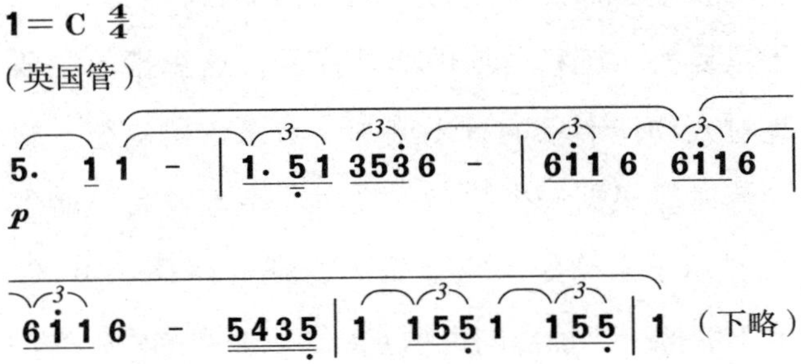

$1 = C \ \frac{4}{4}$
(英国管)

$5. \ 1 \ 1 \ - \ | \ 1. \ 5 \ 1 \ 3536 \ - \ | \ 6116 \ 6116 \ |$
p

$6116 \ - \ 5435 \ | \ 1 \ 1551 \ 155 \ | \ 1$ (下略)

这样的结尾同《堂吉诃德》的结尾基本相同。心灵的创伤帮助他获得了隐退的力量,他转向内心寻求安宁。小提琴奏响了"伴侣"主题,他的心在爱的安慰下趋于平和。

最后,降 E 大调主三和弦重新给乐队带来了一层绚丽的"英雄"色彩,小号陈述了"英雄"主题。乐曲的结尾使人想起了山卡拉的名言:"人生如梦,充满了欲望和仇恨,在梦里它仿佛是真的,醒来时它就是假的了。"

音诗《英雄生涯》的乐队编制十分庞大:八支圆号、五支小号、两支大号、两架竖琴和四组木管,这在当时算是颇为大胆的了。这首乐曲就这点来说,达到了里夏德·施特劳斯音诗创作的一个顶峰。然而,就艺术的真实而言,它却逊色于里夏德·施特劳斯的其他作品,这里指的主要是对人物作形象的音乐刻画。看来,里夏德·施特劳斯能根据一个生动的文学典型人物写出活生生的音乐来(如唐璜、蒂尔、堂吉诃德等),但他不能把一个抽象的人物(如本乐曲中的"英雄")

用音乐使他获得艺术上的生命力。对一个有创造性的艺术家来说,这可能是致命的,在评论里夏德·施特劳斯时,不能忽略了这一点。

乐曲写于1897~1898年间,正值德皇威廉二世推行所谓"超人"学说,这导致普鲁士军事力量扩张并在建筑上呈现出雄伟的风格。里夏德·施特劳斯与马勒的音乐都以大管弦乐队为追求目标,也是这个时代风尚的反映。乐曲所描写的主角——"英雄"是谁?从音乐及其标题来看,他是巴伐利亚的一位音乐家,同批评家作战,并深深地迷恋着他的妻子,最后在阿尔卑斯山找到了心灵的归宿。"英雄"不是尼采的"超人",也不是里夏德·施特劳斯自己,而是作曲家以自己为楷模所塑造的一个理想式人物——一个带有几分自我解嘲色彩的"英雄"人物。

《家庭交响曲》

里夏德·施特劳斯曾经提到过,这首乐曲（Op.53）是一部音乐自传,它描写"我家的一天生活……带有几分幽默的一首三重赋格,三个主题群各自代表爸爸、妈妈和小宝宝"。尽管他同以前一样,否认乐曲有具体的文字标题,但后来他还是认可了德国的一份音乐会节目单为乐曲所加的下列标题：

Ⅰ. 引子及三个主题群

丈夫的主题：随和地；梦幻地；狂怒地……

妻子的主题：可爱、愉快地；优雅、温顺地……

孩子的主题：安静地

Ⅱ. 谐谑曲

父母的乐趣；孩子的游戏……摇篮曲（夜晚钟敲了七下）。

Ⅲ. 慢　板

爱情的场面……睡梦和对孩子的照料（早晨钟敲了七下）。

Ⅳ. 终　曲

醒来，善意的口角（二重赋格）……愉快的结尾。

这里似乎袭用了交响曲的结构模式，事实上，乐曲仍是一首音诗式作品。

引子相当于快板乐章，依次陈述了三个主题群。首先是"爸爸"的主题群：

谱例 65

1＝F 4/4
随和地
（大提琴）

$\widehat{5 3 1}\ \underline{5}\ \underline{6}\ |\ \underline{7}\ \underline{1}\ \underline{2}\ {}^{\sharp}\underline{2}\ |\ \underline{\widehat{3 6 5 2}}\ \underline{\dot{1}}\ \underline{\dot{7} \dot{6}}\ |\ \underline{4}\ \underline{3}\ |\ 2\ -\ |$（下略）
p

谱例 66

1＝F 4/4
梦幻地
（双簧管）

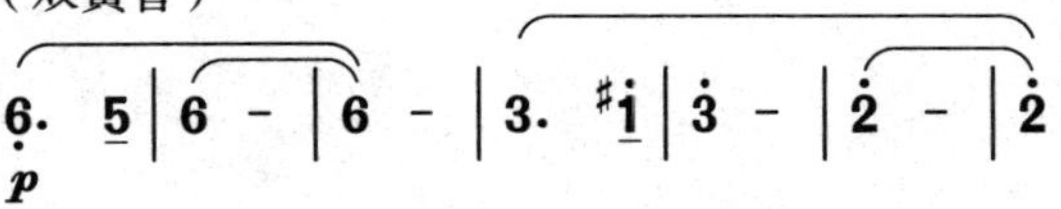

$\underline{\widehat{6.\ \ \underline{5}\ |\ 6\ -\ |\ 6\ -\ |\ 3.\ {}^{\sharp}\underline{\dot{1}}}}\ |\ \widehat{\dot{3}\ -\ |\ \dot{2}\ -\ |\ \dot{2}}$（下略）
p

谱例 67

1＝F 2/4
（双簧管）　　　　（单簧管）

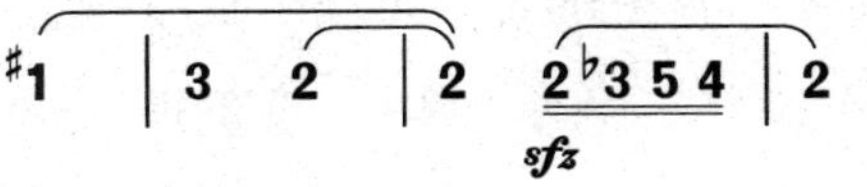

${}^{\sharp}\dot{1}\ |\ 3\ \ 2\ |\ 2\ \ \underline{\widehat{2\ {}^{\flat}3\ 5\ 4}}\ |\ 2$（下略）
　　　　　　　　　　sfz

谱例 68

1＝C 2/4
狂怒地
（小提琴齐奏）

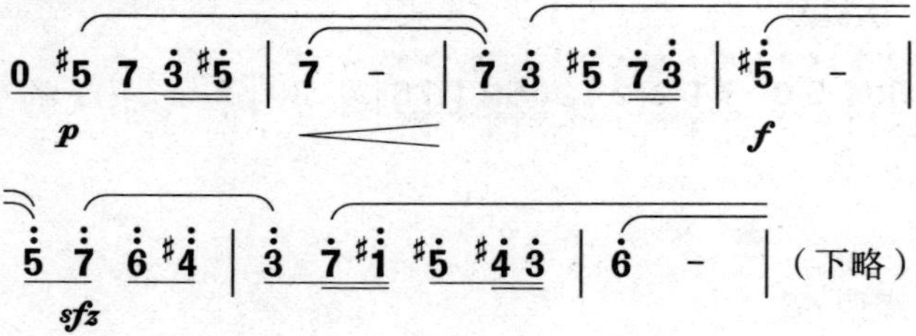

[乐谱]

谱例 69

1＝F 2/4
愉快地
（小号）

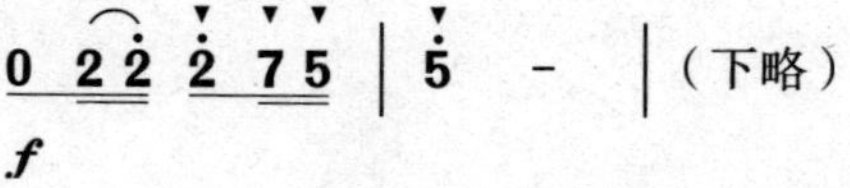

[乐谱]

这个主题群在上行音阶中结束，我们在这里听到了里夏德·施特劳斯性格的各个方面。

接下来是"妈妈"的主题群。里夏德·施特劳斯有一次对马勒说："我妻子有时有点暴躁，但这正是我所需要的。"

谱例 70

1=B 2/4

恼怒地

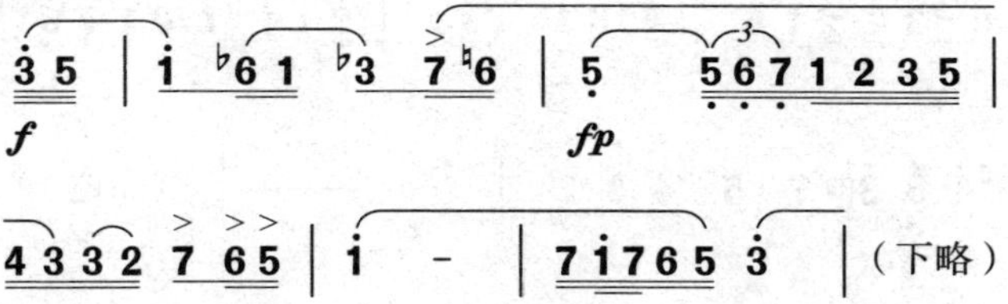

$\underline{\dot{3}\ 5}$ | $\dot{1}\ \flat\underline{6\ 1}\ \flat3\ 7\ \natural6$ | $\dot{5}\ \underline{\underline{5\ 6\ 7\ 1\ 2\ 3\ 5}}$ |

f   *fp*

$\underline{4\ 3\ 3\ 2}\ \underline{7\ 6\ 5}$ | $\dot{1}\ -$ | $\underline{7\ \dot{1}\ 7\ 6\ 5}\ \dot{3}$ | （下略）

谱例 71

1=C 2/4

有表情地

$0\ 4\ \underline{5\ \flat3\ 2}$ | $1\ 2\ \flat3\ \underline{6\ \underline{5\ 4}}$ | $\dot{3}$ | （下略）

   mf

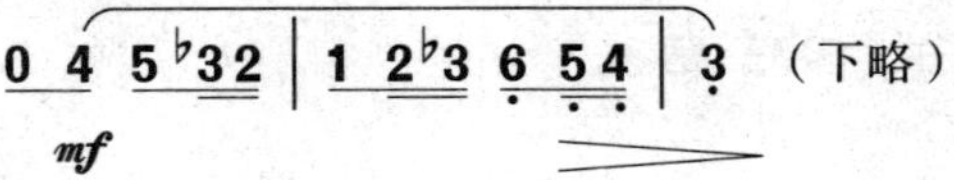

谱例 72

1=B 2/4

柔情地

（长笛和小提琴）   （单簧管）

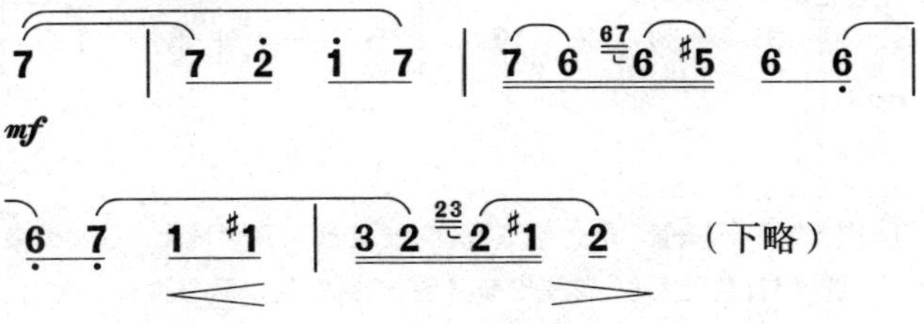

7 | $7\ \dot{2}\ \dot{1}\ 7$ | $7\ 6\ \tfrac{67}{□}6\ \sharp5\ 6\ \dot{6}$ |

mf

$\underline{6\ 7}\ 1\ \sharp1$ | $3\ 2\ \tfrac{23}{□}2\ \sharp1\ 2$ | （下略）

谱例 73

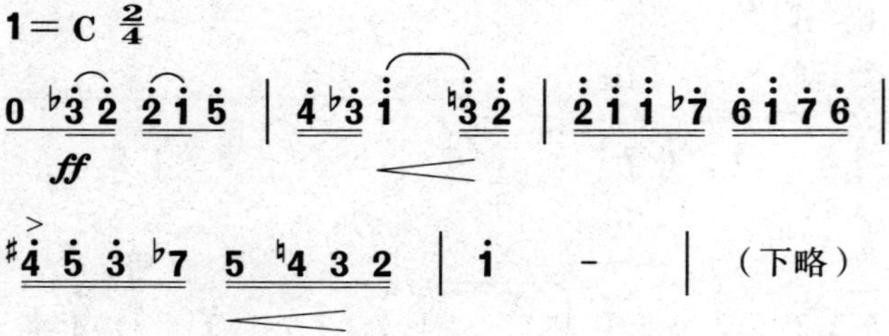

$1=\mathrm{C}\ \frac{2}{4}$

0 ♭3 2 2 1 5 | 4 ♭3 1 ♭3 2 | 2 1 1 ♭7 6 1 7 6 |
ff

#4 5 3 ♭7 5 ♭4 3 2 | 1 - | （下略）

妻子同丈夫对话时，"爸爸"和"妈妈"的各个主题隐约可闻。

一个明显的终止后，在弦乐的背景下双簧管吹起"小宝宝"的主题：

谱例 74

$1=\mathrm{F}\ \frac{2}{4}$

十分听话地
（"爱的"双簧管）①

3 | 6 - | 6 7 | #5 - | 3 #1
pp

---

① "爱的"双簧管，即抒情双簧管，比普通双簧管稍大，音域也略低，但音色更柔和，曾受巴赫喜爱，巴赫时代以后很少有人用它。

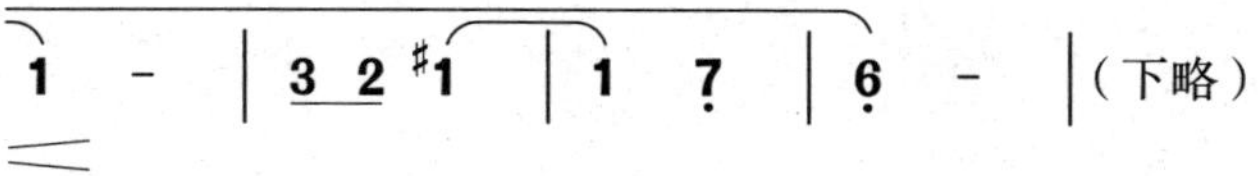

$\widehat{1\ -}\ |\ \underline{3\ 2}\ {}^{\sharp}1\ |\ 1\ \dot{7}\ |\ \dot{6}\ -\ |$（下略）

这是"小宝宝"入睡时的音乐。不久，他醒了，欢快地喊着父母。父母赶来，给他梳洗打扮，抱他给亲友们看。叔叔们、姑姑们的音乐由铜管部分表现，分别演奏谱例65、66的主题。里夏德·施特劳斯在乐谱上标明，"姑姑们说：'太像父亲了！'叔叔们说：'太像母亲了！'"

谐谑曲部分，音乐描写"小宝宝"的游戏，他的主题现在变为连德勒舞曲：

谱例 75

$1 = D\ \dfrac{3}{8}$
快活地
（"爱的"双簧管）

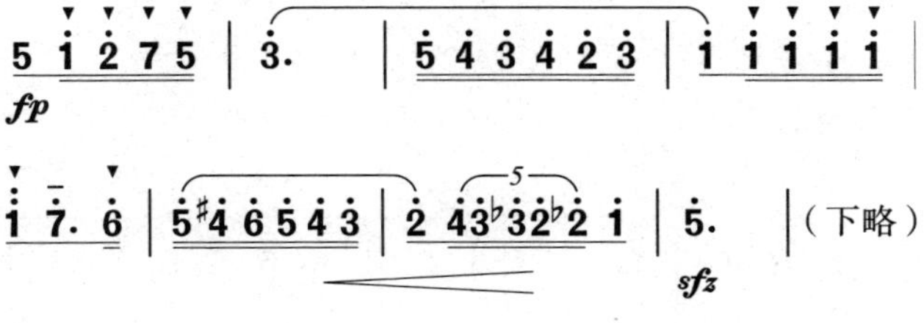

$5\ \underline{\dot{1}\ \underline{2}\ 7\ 5}\ |\ \dot{3}.\ |\ \underline{5\ 4\ 3\ 4\ 2\ 3}\ |\ \underline{\dot{1}\ \dot{1}\ \dot{1}\ \dot{1}}\ |$
fp

$\underline{\dot{1}\ \dot{7}.\ \dot{6}}\ |\ \underline{5\ {}^{\sharp}4\ 6\ 5\ 4\ 3}\ |\ \underline{2\ \underline{4\ 3}\ {}^{\flat}3\ 2\ 2\ 1}\ |\ 5.\ |$（下略）
sfz

这个主题变体后来同它的原型以对位方式同时出现：

谱例 76

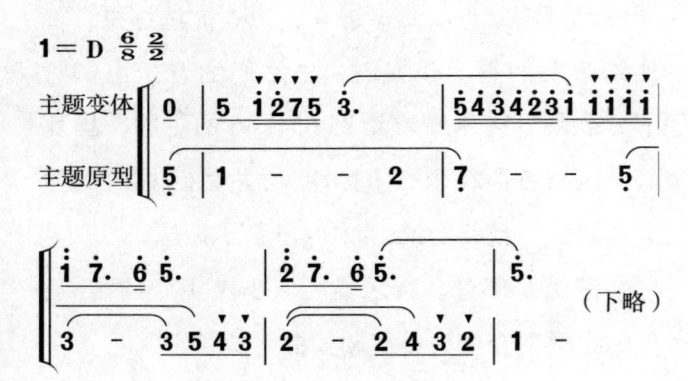

1 = D 6/8 2/2

主题变体： | 0 | 5 1̇ 2̇ 7 5 3. | 5 4 3 4 2 3 1̇ 1̇ 1̇ 1̇ 1̇ |

主题原型： | 5̣. | 1 - - 2 | 7 - - 5̣ |

| 1̇ 7. 6̇ 5. | 2̇ 7. 6̇ 5. | 5̇. | （下略）
| 3 - 3 5 4 3 | 2 - 2 4 3 2 | 1 - |

最后，"小宝宝"安静的主题原型再现。"小宝宝"又安然睡去。"爸爸"主题变为更真挚的父爱描写：

谱例 77

1 = D 2/4

有表情地
（小提琴齐奏）

| 0 #5 6 1̇ | 2̇ - | 2̇ 4̇ 6̇ 5̇ | 3̇ - |

$\underline{4}\,{}^{\sharp}\underline{5}\ \underline{6}\ \underline{\dot{1}}\mid |\,{}^{7}_{2}\ \dot{2}\ -\mid 5\ -\mid \dot{4}\ -\mid$ （下略）

后面的部分是首摇篮曲，音乐抒情、静谧：

谱例 78

$1={}^{\flat}B\quad \dfrac{6}{8}$

$\underset{f}{3}\mid \dot{1}\quad \underline{7}\ 6\quad 5\mid 4\quad \underline{3}\ \underline{2}\ \underline{1}\ \underline{7}\mid$

$\underline{3.\ \underline{2}\ 1}\ \underline{4\ 3\ 2}\mid {}^{\sharp}\underline{4.\ {}^{\natural}\underline{4}\ {}^{\sharp}\underline{2}}\ {}^{\sharp}\underline{5\ {}^{\sharp}4\ 3}\mid 2\mid$ （下略）

$\qquad\qquad\qquad\qquad pp\quad\ \ \ \ p$

摇篮曲末尾的乐谱上，有父母向孩子道晚安的字样：

谱例 79

$1={}^{\flat}B\quad \dfrac{6}{8}$

$\underline{\dot{4}}\,{}^{\sharp}\underline{5}\,{}^{\sharp}\underline{\dot{1}}\mid \dot{6}.\quad \dot{6}\mid \underline{3}\,{}^{\sharp}\underline{\dot{1}}\mid \dot{6}.\quad \dot{6}\mid$ （下略）

（妈妈：晚安！爸爸：晚安！）

钢片琴打七下，表示孩子入睡的时间。

长笛、双簧管、单簧管和低音单簧管用父亲"梦幻"的主题（见谱例 66），奏起了一首温柔的木管四重奏。之后，小提琴接过了这抒情的旋律：

谱例 80

1＝G 4/4

极安静地

小提琴｜0 3 3 ３ ｜3 2 2 3 5 4 3 2 ｜1 5̇ - - ｜
大提琴｜0 5̣ 3̣ 1̣ ｜5̣ - - - ｜1 - - - ｜（下略）

低声部是父亲的"随和"主题（见谱例 65）。父亲的摇篮曲被母亲主题打断，她让他回书房，自己来照看孩子。

真正的"慢板"音乐仅九小节，之后实际上是个展开的部分。这里有妻子的任性、丈夫的忍耐及埋头于创作而得到的欣慰之情。然后，夫妇俩就寝，"爸爸"和"妈妈"的主题以对位方式同时响起。可惜，这个被里夏德·施特劳斯称为"梦境和焦虑"的部分音乐上比较平庸、乏味。钢片琴又打了七下，这次是清晨起床的钟声，新的一天又来临了。

加弱音器的小号表示孩子先醒。之后是"爸爸"和"妈妈"的主题同"小宝宝"主题反复交替，构成了终曲二重赋格的第一个主题：

谱例 81

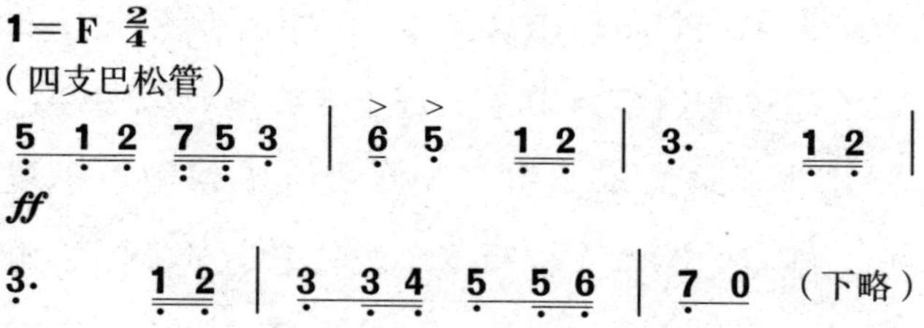
1＝F 2/4
（四支巴松管）
ff
（下略）

赋格的第二主题主要由“妈妈”主题（见谱例73）的曲调构成。这个赋格段描写了夫妻间的口角，最后以丈夫的让步重归于好。之后，“小宝宝”的主题再现，全家在孩子的欢笑声中回到亲切、和谐的气氛。

谱例 82

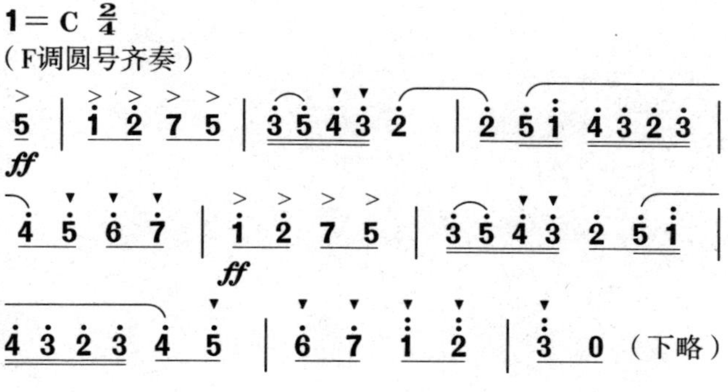
1＝C 2/4
（F调圆号齐奏）
ff
ff
（下略）

关于这首乐曲的标题意义和艺术价值,历来颇多争议。著名法国文学家、音乐学家罗曼·罗兰曾建议演出节目单上最好不要标题,以免使这首并非上乘的乐曲引来公众更大的误解。里夏德·施特劳斯本人也写了不少带歉意的文字,申明创作这首乐曲时并非出于特定场景的冲动,而只是想宽泛地讨论婚姻与家庭的问题。如果说,里夏德·施特劳斯的器乐创作从《英雄生涯》到《阿尔卑斯山交响曲》走的是条下坡路的话,那么《家庭交响曲》正是他艺术想象力日趋贫乏的一个例证。相反,他的歌剧创作则以新的姿态,为欧洲剧坛留下了《莎乐美》《玫瑰骑士》这样的佳作。

《七层纱舞曲》

该曲选自歌剧《莎乐美》。里夏德·施特劳斯的歌剧《莎乐美》刚一问世，就引起欧美剧坛的轩然大波，主要争论点在于歌剧的一些场面描写继父对继女的不正当情欲，以及公主对一个囚徒的迫切复仇心理，是否有伤风化。特别是莎乐美在继父面前跳《七层纱舞曲》时，将身上的纱裙层层脱去，最后赤身倒在台阶下，这些描写使公众对作品的道德价值、伦理规范产生疑问。这部歌剧在不少国家遭到禁演，美国到 1933 年才准许它作为大都会歌剧院的保留剧目。

《七层纱舞曲》作为剧中独立的一段乐曲，经常单独在音乐会上演奏，当然就不存在"有伤风化"的问题（因为没有舞蹈表演），所以名声大振，成为剧中音乐最著名的选段。

《七层纱舞曲》的引子部分是带有装饰音的半音交替，一下子就把听众带到故事发生的东方古国：

谱例 83

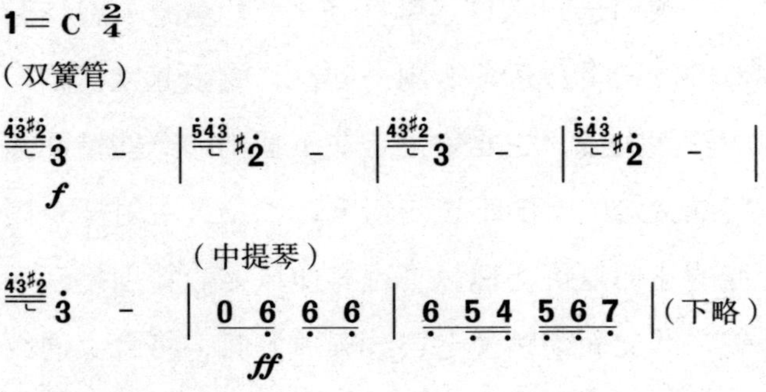

$1 = C \quad \frac{2}{4}$

（双簧管）

$\overset{4\dot{3}\sharp\dot{2}}{\underset{f}{3}}$ － ｜ $\overset{\dot{5}\dot{4}\dot{3}}{\sharp\dot{2}}$ － ｜ $\overset{4\dot{3}\sharp\dot{2}}{3}$ － ｜ $\overset{\dot{5}\dot{4}\dot{3}}{\sharp\dot{2}}$ － ｜

（中提琴）

$\overset{4\dot{3}\sharp\dot{2}}{3}$ － ｜ $\underset{f\!f}{0\ \dot{6}\ \dot{6}\ \dot{6}}$ ｜ $\dot{6}\ \dot{5}\ \dot{4}\ \dot{5}\ \dot{6}\ \dot{7}$ ｜（下略）

接着是代表莎乐美复仇的小三度动机：

谱例 84

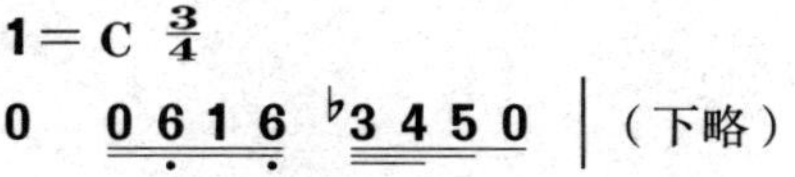

1 = C 3/4

0   0 6 1 6   ♭3 4 5 0 |（下略）

这样的节奏型使乐曲具有固定低音变奏曲的风格特征。之后，音乐陈述了莎乐美在剧中的大部分动机，包括"愤怒"动机：

谱例 85

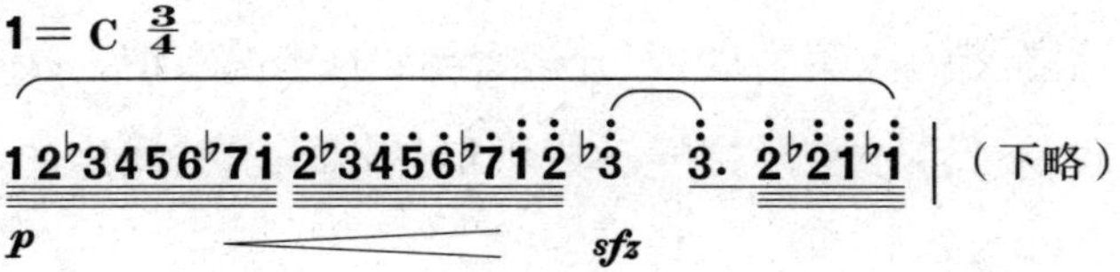

1 = C 3/4

1 2 ♭3 4 5 6 ♭7 1 2 ♭3 4 5 6 ♭7 1 2 ♭3   3. ♭2 ♭2 1 ♭1 |（下略）

p　　　　　　　　　　　　　　　*sfz*

还有卫士纳拉博（一个钟爱莎乐美者）的动机，它在这里出现没有戏剧情节上的原因，完全出于音乐结构上的考虑：

谱例 86

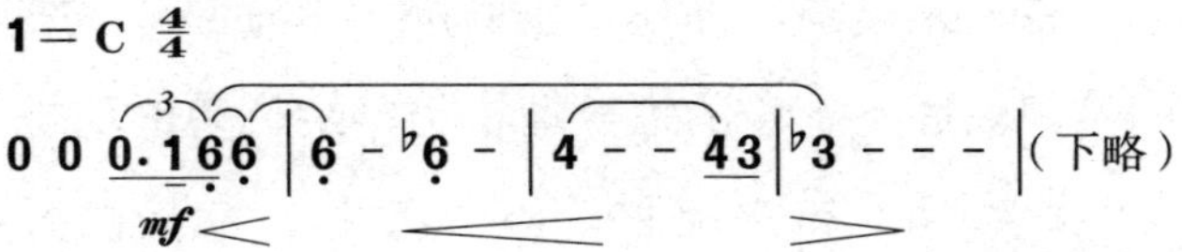

1 = C 4/4

0 0 0 0.1 6 6 | 6 - ♭6 - | 4 - - 4 3 | ♭3 - - - |（下略）

mf

舞曲的第二部分是富于魅力的华尔兹旋律：

谱例 87

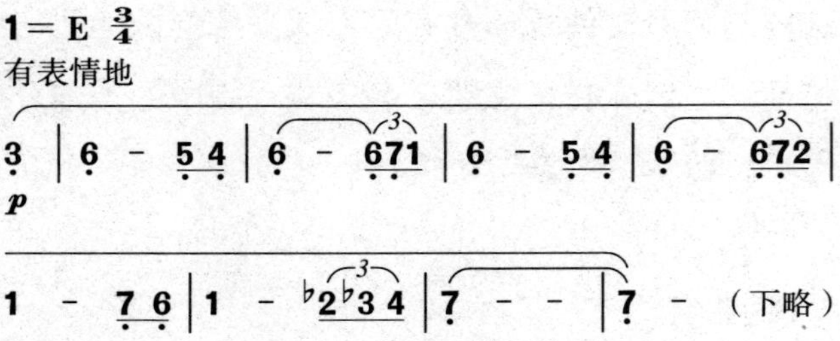

1＝E $\frac{3}{4}$

有表情地

$$3\ |\ \dot6\ -\ \underline{\dot5\ \dot4}\ |\ \dot6\ -\ \underline{\dot6\overset{3}{\dot7\dot1}}\ |\ \dot6\ -\ \underline{\dot5\ \dot4}\ |\ \dot6\ -\ \underline{\dot6\overset{3}{\dot7\dot2}}\ |$$

$$1\ -\ \underline{\dot7\ \dot6}\ |\ 1\ -\ {}^\flat\underline{\dot2\overset{3}{{}^\flat\dot3\ \dot4}}\ |\ \dot7\ -\ -\ |\ \dot7\ -\ （下略）$$

这抒情的段落表现莎乐美舞蹈时的欢悦之情，接着是"莎乐美"主导动机中最接近华尔兹风格的一个旋律：

谱例 88

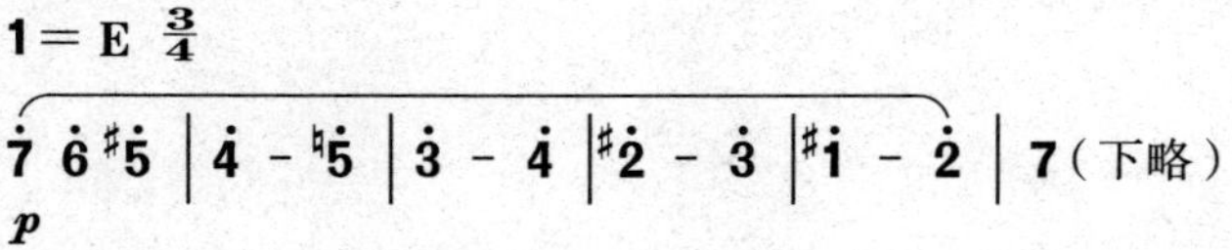

1＝E $\frac{3}{4}$

$$\dot7\ \dot6\ {}^\sharp\dot5\ |\ \dot4\ -\ {}^\flat\dot5\ |\ \dot3\ -\ \dot4\ |\ {}^\sharp\dot2\ -\ \dot3\ |\ {}^\sharp\dot1\ -\ \dot2\ |\ \dot7\ （下略）$$

音乐速度渐渐加快，乐曲进入第三部分热烈的舞蹈场面。音乐的主导动机仍是纳拉博的动机（见谱例86）和谱例87、88的动机，急板的音乐把舞曲推到极速的尾声。

尾声的音乐素材取自歌剧音乐中代表莎乐美对圣徒约翰之爱的动机：

谱例 89

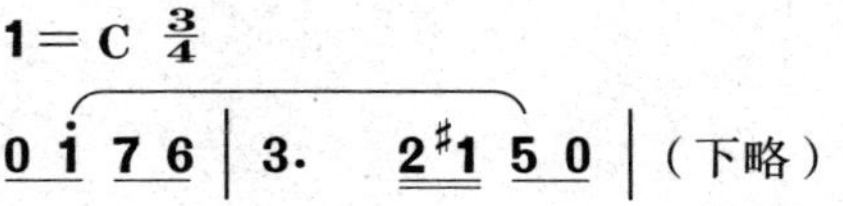

1 = C 3/4

0 1 7 6 | 3. 2#1 5 0 |（下略）

以及表现莎乐美"欲望"的动机（取自她唱的爱情歌曲）：

谱例 90

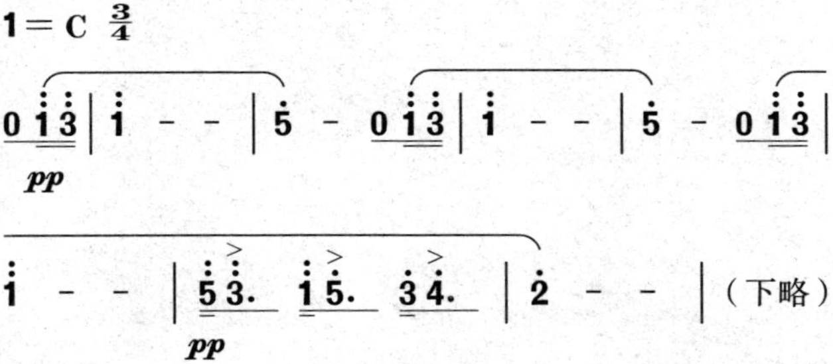

1 = C 3/4

0 1 3 | 1 - - | 5 - 0 1 3 | 1 - - | 5 - 0 1 3 |
pp

1 - - | 5 3. 1 5. 3 4. | 2 - - |（下略）
pp

双簧管尖厉地演奏着这个主题曲调，弦乐与木管旋风般地接过了旋律并结束了这首舞曲。

一、歌剧作品选介

《莎乐美》

该剧（Op.54）为独幕歌剧，故事发生在公元初年的犹太古国。

犹太王赫罗德有个年轻貌美的继女——莎乐美公主，青年军官纳拉博十分爱慕她的美色。王后的侍从警告他打消这个念头，因为莎乐美是个性格古怪的人。

幕后的水牢内传出了圣徒约翰洪亮的声音，他在大声宣讲耶稣基督的教义。

莎乐美从后宫走了出来，她忍受不了继父贪

婪的目光。圣徒约翰的布道声吸引了她,她命令士兵把说话的人带到跟前来。由于士兵不敢违反国王禁止这位危险的犯人出牢的命令,于是,莎乐美用诱人的目光请纳拉博做这件事。纳拉博禁不住她美色的诱惑,下令让士兵将约翰带来。

当约翰得知眼前的女子就是王后赫罗迪亚丝的女儿时,勃然大怒,痛斥这位不贞洁的王后的恶行。莎乐美反而热切地听着这洪亮的嗓音,并公然声称想要得到约翰的肉体,确切地说,是他肉体的一部分——葡萄串似的秀发。她听而不闻约翰的怒斥声,喊道:"约翰,我要吻你的嘴唇!"

谱例 91

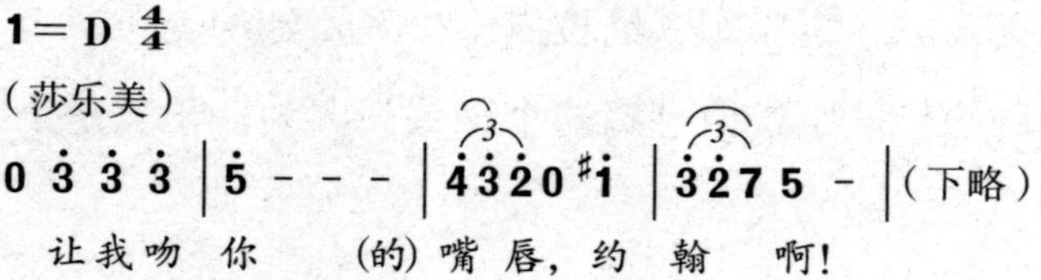

$1 = D \ \frac{4}{4}$

(莎乐美)

0 3 3 3 | 5 - - - | 4 3 2 0 #1 | 3 2 7 5 - | (下略)
让我吻 你　　(的)嘴 唇,约 翰　啊!

纳拉博忍受不了嫉妒之火的煎熬,拔剑自刎而死。莎乐美置若罔闻,继续沉溺在罪恶的情欲中,约翰愤怒地大步返回水牢。

喝得醉醺醺的赫罗德国王摇摇晃晃地走来,他寻找莎乐美,要她一起去喝酒,莎乐美不去。于是,赫罗德要她跳个舞,莎乐美问他肯不肯赏给她所想要的任何东西,国王一口应允。

莎乐美化妆后,在台上狂热地跳起了舞蹈,国王赞不绝口、乐不可支,问莎乐美想得到什么样的犒赏。莎乐美说:"我要装在银盘上的约翰的头颅!"

赫罗德大惊失色,因为传说约翰是见过上帝的人,他劝莎乐美还是拿别的任何最珍贵的财宝吧。莎乐美毫不让步,说:"我只要约翰的头颅。你已经发过誓了。"国王无奈,只得将死亡的戒指取下交给刽子手。公主得意地看着刽子手执行死刑命令。不一会儿,刽子手托着盛有约翰脑袋的银盘交给莎乐美。莎乐美兴奋得几乎发狂,叫道:"约翰,你不让我吻你的嘴唇。现在你死了,可我还活着,我终于可以实现自己的愿望了!"国王恐惧地命令士兵熄灭所有火炬,同王后等人退了下去。

平台上一片漆黑,莎乐美满足地说:"啊,约翰,我终于吻过你的嘴唇了,这上面有一丝苦味,这是血还是爱情的滋味呢?不管是什么,约翰,我终于吻过你的嘴唇了!"月光映照出莎乐美抱着死人头狂吻的景象。赫罗德再也忍受不了这样的刺激,狂叫:"快杀了那个女人!"士兵们一拥而上,用盾牌打死了莎乐美。

《埃莱克特拉》

该剧（Op.58）为独幕歌剧，故事发生在古希腊荷马时代一个名叫迈锡尼的城里。

希腊王阿伽门农被王后克吕泰涅斯特拉及其奸夫埃吉斯特斯谋害而死。他的女儿埃莱克特拉一心想报杀父之仇住进了牛棚，卧薪尝胆、不思衣食、形如乞丐。皇宫内的仆人们视她为怪物，见到她就大声嘲笑、辱骂她。

天暗了下来，众仆人回到房中安歇。埃莱克特拉从牛棚内走出，怀着深切的感情悼念亡父，唱了一首咏叹调《阿伽门农》:"你在哪儿?爸爸!……你的妻子和她的情夫趁你洗澡时下了毒手,鲜血染红了清水。你死得冤枉啊!让我再看看你吧!"

谱例 92

$1=^bD$ $\frac{4}{4}$

(埃莱克特拉)

| 0 063 1 - | 1 6 0 0 | 0 063 1 - |
| 阿伽门 农! | | 阿伽门 |

1 6 0 0 | 0 6 1 - 6 | 3 - - - |
农! 你在 哪(儿)爸

3 - - 3 | 0 0 0 6 | 6 6 #5 6 1. 7 |
爸? 难 道你没力 量,

7. #5 7. 7 3 | 3 #7 1 - 1 3 | #5 7 (下略)
在 你 的女 (儿)面前 显 灵?

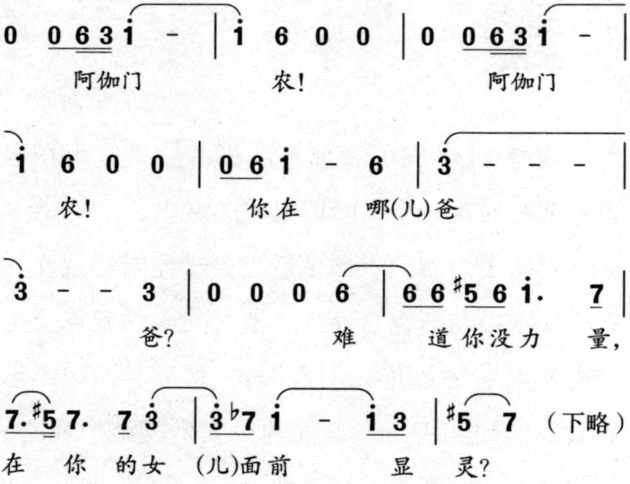

她跪在地上痉挛似的哭泣着,情绪从悲伤渐转为仇恨。

宫门开了,她的妹妹克律索忒弥斯站在门口。她来告诉埃莱克特拉,王后正密谋加害于她。埃莱克特拉毫不畏惧,要妹妹一起去惩罚王后。但是,克律索忒弥斯求姐姐放弃复仇念头,因为她还想保住自己温暖的小家庭。咏叹调《在我衰老之前,我要生儿育女》响起。

谱例 93

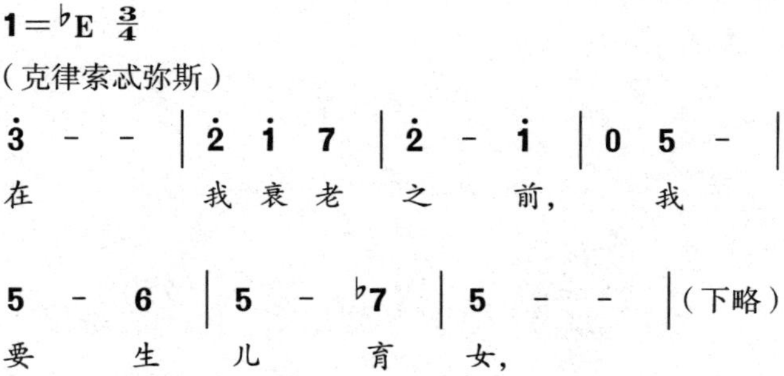

$1={}^{\flat}\mathrm{E}$ $\frac{3}{4}$

(克律索忒弥斯)

$\dot{3}$ - -	$\dot{2}$ $\dot{1}$ 7	$\dot{2}$ - $\dot{1}$	0 5 -
在	我 衰 老 之	前,	我

5 - 6	5 - ${}^{\flat}7$	5 - -	(下略)
要 生 儿	育 女,		

这时,一阵嘈杂声传来。王后克吕泰涅斯特拉及侍从们来了。她脸色蜡黄地看着女儿埃莱克特拉,告诉她自己每夜被噩梦所打扰。埃莱克特拉说,要一个已婚女人的血才能驱除邪恶,并声

称要和弟弟奥雷斯特冲进母亲的卧室,为亡父报仇。王后被女儿慑服,吓得直喘气。忽然,侍从来报奥雷斯特已死,王后急忙回宫。埃莱克特拉闻讯绝望地扑倒在台阶上,她决定单独行动,并挖出了埋在后院多年的斧子。

一个"陌生人"来报告奥雷斯特的死讯,埃莱克特拉听后悲痛不已,那个人忽然叫了声姐姐。原来,他就是奥雷斯特,假扮报信人想闯入皇宫复仇。因多年不见,姐弟俩一时竟认不出来了。埃莱克特拉悲喜交集。

不一会儿,奥雷斯特进宫去见王后。宫内传来两声惨叫,埃莱克特拉发狂地大笑。埃吉斯特斯狩猎归来也被奥雷斯特杀死。

克律索忒弥斯跑来拥抱姐姐。埃莱克特拉狂喜地跳起舞来,舞至高潮时一阵头昏眼花,跌倒在地上死去。

《玫瑰骑士》

该剧（Op.59）为三幕喜歌剧，故事发生在1754年前后的维也纳城。

第一幕　威顿堡公爵夫人玛莎琳的卧室

威顿堡公爵去克罗地亚打猎，夫人趁机与罗弗拉诺伯爵奥克塔维安厮混。突然传来敲门声，奥克塔维安赶紧穿上女装、戴上侍女帽装扮成"侍女玛丽安德"。进来的是公爵夫人的表弟奥克斯男爵，正和男扮女装的奥克塔维安撞了个满怀。奥克斯男爵这个老色鬼一眼看上了这个标致的"侍女"。"侍女"拒绝了男爵的殷勤献媚。男爵告诉公爵夫人自己与新封贵族法尼纳尔之女索菲订婚,请夫人物色一位英俊少年,将有象征意义的银玫瑰送给未来的男爵夫人。

一大群男仆、公证人、厨师、孤儿及商人等前来求见公爵夫人。趁一片混乱之际,意大利掮客瓦尔扎奇及同伙安尼娜向男爵搭话。男爵命他们去查询有关"侍女玛丽安德"的一切情况,并同意公爵夫人推荐其表弟奥克塔维安送银玫瑰盒的建议,将盒子交给了夫人。

众人退下,公爵夫人一人独自望着自己镜中的倩影,哀叹青春的流逝。奥克塔维安又上来同她亲热,她冷淡地不予理睬。奥克塔维安悻悻而去。公爵夫人随即命仆人将银玫瑰盒送给奥克塔维安。

第二幕 法尼纳尔家的会客厅

奥克塔维安来到富商、新封贵族法尼纳尔家,将银玫瑰亲手交给了索菲,心中暗暗地为她的美貌而激动。传统仪式结束后,索菲感到一阵喜悦,说:"我从来没如此快乐过,这朵玫瑰就像来自天堂!"奥克塔维安反复思量着这两句话。在老保姆的陪伴下,这对年轻人在圆舞曲音乐声中交谈起来。

法尼纳尔陪奥克斯男爵上场。男爵用粗俗的话向索菲求爱,使奥克塔维安十分气愤,索菲要男爵走开。她和奥克塔维安在一起,两人热烈拥抱。突然,掮客瓦尔扎奇和安尼娜从大壁炉里跳了出来,抓住他们,并大声喊男爵。

奥克塔维安向男爵宣布:"索菲已不再属于你了!"男爵拔剑同他决斗,被他刺伤了手和肘。

法尼纳尔赶紧出来调解,并要女儿索菲嫁给男爵,否则就要送她回修道院。索菲拒绝了父亲的命令。法尼纳尔悻悻而去。

客厅里就剩下男爵一人。他喝了几杯酒,高兴地哼起了圆舞曲。安尼娜悄悄送来一封信,是公爵夫人的"侍女玛丽安德"约男爵幽会的信。男爵欣喜若狂,但又不肯付给安尼娜报酬。安尼娜气得大骂他吝啬鬼。男爵却毫不在乎地哼着圆舞曲。

第三幕　旅店的一间密室

瓦尔扎奇和安尼娜为报复咅嗇的男爵,安排了一个圈套让男爵上钩。他们请来了"侍女玛丽安德"——男扮女装的奥克塔维安伯爵,让"她"与男爵"幽会",找来四个孩子,假称是男爵遗弃的孩子。安尼娜扮作被遗弃的情人,并叫来了警官和法尼纳尔。这一下使得男爵窘迫万分,法尼纳尔也解除了女儿与男爵的婚约。

威顿堡公爵夫人到。她把这一切都说成是一出滑稽戏,并对奥克塔维安和索菲说:"我发誓要爱得无私,要让他将来总有一天会找到可爱的姑娘。"三人唱起了一曲三重唱:

谱例 94

$1=♭D$ $\frac{3}{4}$

$\dot{2}$ | 2 3 1 | 5 - 3 | $\overline{\dot{3}}$ $\dot{5}$ - 6 | 3 5 4 | $\dot{2}$ - $\dot{3}$ |（下略）

我　曾发誓要公　　正地爱他。

公爵夫人离开后,一对情侣紧紧拥抱。在爱情二重唱中,奥克塔维安和索菲终于如愿以偿,银玫瑰使他们得到了爱情。

四、作品目录[1]

---

[1] 引自《牛津音乐词典》(第六版)"里夏德·施特劳斯"条目,人民音乐出版社 2023 年版,第 1280—1282 页。

歌剧（注有作曲及首演日期与指挥姓名）：
《贡特拉姆》[*Guntram*，Op.25，作于 1887~1893 年，1934~1939 年修订，1894 年首演于魏玛（施特劳斯），1940 年于魏玛演出重新修订版（黑格尔）]；《火荒》[*Feuersont*，Op.50，作于 1900~1901 年，1901 年首演于德累斯顿（舒赫）]；《莎乐美》[*Salome*，Op.54，作于 1903~1905 年，1905 年首演于德累斯顿（舒赫）]；《埃莱克特拉》[*Elektra*，Op.58，作于 1906~1908 年，1909 年首演于德累斯顿（舒赫）]；《玫瑰骑士》[*Der Rosenkavalier*，Op.59，作于 1909~1910 年，1911 年首演于德累斯顿（舒赫）]；《阿里阿德涅在纳克索斯》[*Ariadne auf Naxos*，Op.60，作于 1911~1912 年，1912 年首演于斯图加特（施特劳斯），修订版序幕作于 1916 年，同年演于维也纳（沙尔克）]；《没有影子的女人》[*Die Frau ohne Schatten*，Op.65，作于 1914~1917 年，1919 年首演于维也纳（沙尔克）]；《间奏曲》[*Intermezzo*，Op.72，作于 1917~1923 年，1924 年首演于德

累斯顿（布施）]；《埃及的海伦》[*Die ägyptische Helena*，Op.75，作于1923~1927年，1928年首演于德累斯顿（布施），1933年于萨尔茨堡首演修订本（克劳斯）]；《阿拉贝拉》[*Arabella*，Op.79，作于1930~1932年，1933年首演于德累斯顿（克劳斯）]；《沉默的女人》[*Die schweigsame Frau*，Op.80，作于1933~1934年，1935年首演于德累斯顿（伯姆）]；《和平的日子》[*Friedenstag*，Op.81，作于1935~1936年，1938年首演于慕尼黑（克劳斯）]；《达夫妮》[*Daphne*，Op.82，作于1936~1937年，1938年首演于德累斯顿（伯姆）]；《达奈的爱情》[*Die Liebe der Danae*，Op.83，作于1938~1940年，1944年仅在萨尔茨堡彩排（克劳斯），1952年又演于萨尔茨堡（克劳斯）]；《随想曲》[*Capriccio*，Op.85，作于1940~1941年，1942年首演于慕尼黑（克劳斯）]。

芭蕾舞剧及其他舞台作品：《约瑟夫的故事》(*Josephslegende*，Op.63，1913~1914)；莫利哀-霍夫曼斯塔尔戏剧的配乐《贵人迷》[*Der Bürger als*

Edelmann(*Le Bourgeois Gentilhomme*),Op.60,1912~1917];《搅奶油》(*Schlagobers*,Op.70,1921~1922);儿童音乐剧《驴的影子》(*Des Esels Schatten*,1947~1948,根据豪斯纳短剧完成,1964年首演于埃塔尔,1970年首演于伦敦)。

管弦乐:13件管乐器的降E大调《小夜曲》(Op.7,1881~1882);13件管乐器的降B大调《组曲》(Op.4,1883~1884);交响曲[No.1(D小调,1880,未发表),No.2(F小调,Op.12,1883~1884)];《家庭交响曲》(*Symphonia Domestica*,Op.53,1902~1903);《阿尔卑斯山交响曲》(*Eine Alpensinfonie*,Op.64,1911~1915);交响幻想曲《意大利》(*Aus Italien*,Op.16,1886);交响诗[《麦克白》(*Macbeth*,Op.23,1887~1888年创作,1889~1890修订),《唐璜》(*Don Juan*,Op.20,1888),《死与净化》(*Tod und Verklärung*,Op.24,1888~1889),《蒂尔恶作剧》(*Till Eulenspiegels lustige Streiche*,Op.28,1894~1895),《查拉图斯特拉如是说》(*Also sprach Zarathustra*,Op.30,1895~1896),《堂吉诃德》

(*Don Quixote*，Op.35，1896~1897),《英雄生涯》(*Ein Heldenleben*，Op.40，1897~1898)]；管弦乐队与管风琴《节日前奏曲》(*Festliches Präludium*，Op.61，1913);《贵人迷组曲》(*Suite, Le Bourgeois Gentilhomme*，Op.60，1918);《舞蹈组曲》(*Dance Suite*，据库普兰作品改编，1922);圆舞曲《慕尼黑》(*München* 第一版创作于1930年，第二版创作于1945年);16件管乐器的《F大调小奏鸣曲》(No.1，1943);16件管乐器的《降E大调小奏鸣曲》(No.2，1944~1945);《变形》(*Metamorphosen*，用23件独奏弦乐器，1944~1945)。

协奏曲等：降E大调No.1圆号协奏曲（Op.11，1882~1883）；降E大调No.2圆号协奏曲（1942）；D小调小提琴协奏曲（Op.8，1881~1882）；钢琴和管弦乐的D小调《滑稽曲》(*Burleske*，1885~1886年创作，1890年修订）；钢琴（左手）和管弦乐的《家庭交响曲之增补曲》(*Parergon zur Symphonia Domestica*，Op.73，1925）；钢琴（左手）与管弦乐《雅典娜祭进行曲》(*Panathenäenzug*，Op.74，

1927）；双簧管协奏曲（1945~1946）；单簧管、大管、弦乐与竖琴《二重小协奏曲》（*Duett-Concertino*，1947）。

合唱：合唱与管弦乐的《流浪者突击之歌》（*Wandrers Sturmlied*，Op.14，1884）；《晚会》（*Der Abend*）与《圣歌》（*Hymne*，Op.34，1897）；女高音、男高音、男中音、合唱与管弦乐的《塔厄弗》（*Taillefer*，Op.52，1903）；女高音、女中音、男高音、男低音与合唱的《德意志经文歌》（*Deutsche Motette*，Op.62，1913年创作，1943年修订）；男声合唱与管弦乐的4首歌《日报》（*Die Tageszeiten*，Op.76，1928）；《精舍中的女神》（*Die Göttin im Putzzimmer*，1935）；《致达夫妮树》（*An den Baum Daphne*，1943）。

室内乐：《A大调弦乐四重奏》（Op.2，1880）；《大提琴奏鸣曲》（Op.6，1883）；《C小调钢琴四重奏》（Op.13，1883~1884）；《降E大调小提琴奏鸣曲》（Op.18，1887）。

钢琴：《B小调奏鸣曲》（Op.5，1881）；《情怀曲

5首》(*5 Stimmungsbilder*, Op.9, 1883~1884)。

声乐套曲：独唱与钢琴《老板的模样》(*Krämerspiegel*, Op.66, 1918)；高音人声与管弦乐《四首最后的歌》(*Vier letzte Lieder*, 1948)。

歌曲（钢琴/或乐队伴奏）：[施特劳斯创作的歌曲在200首以上，分组出版。以下按字母顺序选列一批最著名的歌曲，在适当处注上作品编号。符号"†"表示用乐队伴奏（不一定是施特劳斯所写）。]《万灵祭日》(*Allerseelen*, Op.10, No.9, 1885)；《我一切的希望》(*All'mein Gedanken*, Op.21, No.1, 1888)；《小溪》(†*Das Bächlein*, 1933)；《解脱》(†*Befreit*, Op.39, No.4, 1898)，《卡奇丽》(†*Cäcilie*, Op.27, No.2, 1894)；《心爱的小花冠》(*Du meines Herzens Krönelein*, Op.21, No.2, 1888)；《单调》(*Einerlei*, Op.69, No.3, 1918)；《投宿》(*Einkehr*, Op.47, No.4, 1900)；《亲切的梦境》(†*Freundliche Vision*, Op.48, No.1, 1900)；《发现》(*Gefunden*, Op.56, No.1, 1903~1906)；《已经说了》(*Hat gesagt*, Op.36, No.3, 1897)；《三王崇拜》(†*Die*

Heiligen drei Königen, Op.56, No.6, 1906）；《回乡》(†Heimkehr, Op.15, No.5, 1886)；《秘密的要求》(†Heimliche Aufforderung, Op.27, No.3, 1894)；《我要一束花》(†Ich wollt'ein Sträusslein binden, Op.68, No.2, 1918)；《爱情赞歌》(†Liebeshymnus, Op.32, No.3, 1896)；《我的眼睛》(†Mein Auge, Op.37, No.4, 1897)；《我的小孩》(†Meinem Kinde, Op.37, No.3, 1897)；《早晨》(†Morgen, Op.27, No.4, 1894)；《母亲嬉戏》(†Muttertanderlei, Op.43, No.2, 1899)；《夜》(Die Nacht, Op.10, No.3, 1885)；《夜行》(Nachtgang, Op.29, No.3, 1895)；《虚无》(Nichts, Op.10, No.2, 1885)；《玫瑰花环》(†Das Rosenband, Op.36, No.1, 1897)；《安静吧，我的心灵》(†Ruhe, meine Seele, Op.27, No.1, 1894)；《可爱的桃金娘》(†Säusle, Liebe Myrthe, Op.68, No.3, 1918)；《恶劣的天气》(Schlechtes Wetter, Op.69, No.5, 1918)；《小夜曲》(†Ständchen, Op.17, No.2, 1887)；《星星》(Der Stern, Op.69, No.1, 1918)；《黄昏之梦》(†Traum durch die Dämmerung, Op.29,

No.1，1895）;《林中欢乐》(†*Waldseligkeit*, Op.49, No.1，1901）;《摇篮曲》(†*Wiegenlied*, Op.41, No.1，1899）;《何必再来，女孩》(*Wozu noch, Mädchen*, Op.19, No.1，1887~1888）;《赠献》(†*Zueignung*, Op.10, No.1，1885）。

后记

我在本书中多次使用了"罗曼化"这一表述，来替代通常所讲的"浪漫的"一词。我认为这里涉及一个音乐术语的错译，我将在下文中予以说明。

音乐术语 Romantik（罗曼化）起源于形容词 romantisch（罗曼的），是西方语言中一个重要的概念词。大约从 15 世纪起，欧洲讲罗曼语系地区的人们就开始使用它。当时，人们借鉴古法语 roman、romanz、romans，构成了晚期拉丁语词 romantius。这个词的词根 roman 在语言学里有两个主要意思。第一，它是语言学的地域概念，通常音译为"罗曼语系"。第二，它指口语里的小说、中世纪传奇等文学体裁。德语形容词"罗曼的"（romantisch）意思为"以罗曼语言写成的'传奇'"。"罗曼的"一词（法语拼写为 romantique，英语为 romantic，意大利语为 romantico），在概念史前期一般被运用于口语。

德国音乐学家埃格布莱希特（Hans Heinrich Eggebrecht，1919~1999）的博士后研究项目《音乐术语学手册》（Handwörterbuch der musikalischen Terminologie，1955），开辟了音乐学领域有史以来的空白学科，成为此后西方音乐百科全书、音乐词典编纂的基石。[①]该书迄今为止仍保持不定期的出版。他在 1972 年德文版的"romantisch, Romantik"条目里，认为这个词源于古法语 romant（romantique），指"被称为小说的中世

---

① 参阅刘经树：《音乐术语学概要》，中央音乐学院出版社，2011年，第1—2页。

纪骑士、冒险、爱情、神奇的传奇"。约1660年前后,这个词以romantic(罗曼式)被引入了英国。在18世纪里,法国人又反过来借用它为"英语词"。同样,约1700年前后,它从英国来到了德国。约1780年前后,形容词"罗曼的"(romantisch)成为一个流行词和宣传词。①

后来,"罗曼的"被18世纪末文论家史莱格尔兄弟、让·保罗、诺瓦利斯等人所采纳,它的意义也被扩展和深化,加入了无尽性、不确定性和预感。埃格布莱希特认为,"罗曼的"作为古代传下来的罗曼语言,从一开始就显示出与拉丁语系的对立。拉丁语系很久以来就具有保留下来的古典(klassisch)性,意味着规范、规则和谨慎。而罗曼语系则意味着不规范、不规则甚至爆

---

① Hans Heinrich Eggebrecht, *Handwörterbuch der musikalischen Terminologie*, Bd. 5, Stuttgart 1972, S.1-2. 这本文献自1955年出版了首卷后,陆续出版了多卷活页待最终装订本,本文按1972年出版的第5卷"romantisch, Romantik"条目,列出活页印行的页码。

发。①19世纪下半叶，从形容词"罗曼的"衍生出它的名词形式Romantik（罗曼化）以及其所指的主体"罗曼者"（Romantiker）。

1800年后不久，人们就将"罗曼的"形容词踌躇地用于音乐领域。1804年，莱比锡宫廷乐师莱夏尔特（J.Fr.Reichart）在《柏林音乐报》上，率先称"海顿、莫扎特及其后辈们有独创性罗曼的作品"②。当时，科赫（H.Chr.Koch）在他的《音乐小词典》里，也称"音乐的实质罗曼地完成了美和可爱性"③。

1810年，著名文论家、作曲家霍夫曼（E.Th.A.Hoffmann）写了一篇贝多芬《第五交响曲》的评论文章，论述这部交响曲第一乐章奏鸣曲式的展开部作曲。这是第一篇以音乐分析为主撰写

---

① 同第133页注①，S.3.
② Fr.Reichardt, Berlin Musik Zeitung, 1805；比较 H.H.Eggebrecht, 同第133页注①，S.4.
③ H. Chr. Koch, *Kurzgefasstes Handwoerterbuch d. Musik*, Lpz. 1807, S.300.

的德语音乐学论文，也是第一篇以形容词"罗曼的"评论贝多芬音乐的论文。"一切艺术'是''最'罗曼的，或者可以说，唯独纯罗曼的……海顿、莫扎特和贝多芬呼吸着同一种罗曼精神，其中贝多芬最深地渗入它最内心的本质'深处'。"[①]霍夫曼显然在《第五交响曲》里深刻感受到了这部交响曲的情趣，提出了音乐评论里以前没有见到过的"竭力用词语领会"——"无尽的预感""无尽渴望的痛苦""精神王国的深处""非同寻常和深不可测的王国""非凡的恐惧""陌生、充满神秘"，等等。这些美学描述是对形容词"罗曼的"美学扩展。

音乐是罗曼的实质，这种看法可能来自霍夫曼。当时，有些作者们看到了这一点，即便他们也发现"罗曼的音乐"表述实质上是一句冗言，但他们坚持认为，"一切音乐必须是纯罗曼的"[②]。

---

① E.Th.A.Hoffmann, in: AmZ Xii, 630 ff.
② G. wedel, *Vertraute Briefe* in: NZfM, Bd.8, 1838, S.157a.

1829年2月4日,歌德就说过一句格言:"我称古典为健康,称罗曼为病态。"[1]这句话经常被人们引用。自19世纪20、30年代以来,德国思想界开始抱怨罗曼概念的混乱使用,开始怀疑和争论它。1837年,作曲家舒曼在《音乐新杂志》上,称赞"法国新罗曼者",认为他们"感受到了大部分的自然、并表达出睿智和明晰"[2]。

约1830年之后,由柏辽兹和梅耶贝尔等作曲家引领的法国罗曼化蔓延到了德国。当时,德国音乐从贝多芬开始,由门德尔松和舒曼所引领,约1850年前后出现"罗曼模仿"(Romantizismus),即"罗曼化",指德国人借鉴法国罗曼化的美学模仿。莱比锡《普及音乐报》(Allgemeine Musik Zeitung)1827~1841年的主编芬克(C.W.Fink)发表了多篇评论,论述法国

---

[1] 转引自 J.P.Eckemann, *Gespräche* II, Lpz.1836; Sammelte Werke XIX, hg. von K.Richter, München 1986, S.300.

[2] Robert Schumann, in: NZfM, Bd.7, 1837, S. 90 b.

罗曼化及其德国模仿者（包括梅耶贝尔、李斯特、希勒等作曲家）的文章。他写道，肖邦的"这个学派是新罗曼的……在这种新罗曼化里，允许更加自由的各种形式，作为另一种其他的形式，让其特性与热情占了上风"①。但是，他对这种罗曼化持某种保留态度："如果这种戏剧性或（所谓）罗曼的音乐内容还继续保持一点，那我们不久会把酒肉而不是清爽和自在的音乐埋葬进坟墓。"②

德语音乐百科全书《音乐的历史和当下》（Musik in Geschichte und Gegenwart，MGG）里的"罗曼化"条目明确指出，不能用它来称呼音乐史的一个时期，只能从古典和罗曼的基本体验的统一中来看这个时期（约1760年起直到20世纪初）③的特点。有学者认为，真正的罗曼化作曲家只限于约1850年前后出生，即门德尔松

---

① C. W. Fink, in: AmZ, 1833, S.357 f.
② 同注①, S.164.
③ Fr.Blume, Romantik, in: MGG Xl, 1963, S.806.

(1809)、舒曼和肖邦(1810)及李斯特(1811)。①同样，在德国著名音乐学家阿德勒(Guido Adler, 1855~1941)看来，罗曼化已于19世纪80年代结束，因为，瓦格纳死于1883年，李斯特死于1886年，弗朗克死于1890年，布鲁克纳死于1896年，勃拉姆斯死于1897年。②

埃格布莱希特的博士后导师、德国老一辈的杰出音乐学家古利特，对罗曼的、罗曼化概念持否定态度，认为它们"今天'都'到处被嘲讽，罗曼的、罗曼化实际上是昵称和令人讨厌的名字。在具权威性的德国音乐家圈子里，今天如果称呼一个音乐家为罗曼的、罗曼化，对他们来说不亚于有罪的判决"③。

---

① P.Rummenhöller, *Romantik in d.Musik*, Muenchen u.Kassel 1989, S.10.
② G.Adler(hg.), *Handbuch der Musikgeschichte*, Frankfurt am Main, 1924, S.901.
③ W.Gurlitt, *Robert Schumann u.d.Romontik in d.Musik*, in:106, *Niederheinisches Musikfest*, Duesseldorf 1951, S.1.

埃格布莱希特在他临终前一年,在斯图加特举行的巴赫学会的一次讲演中,称每个人都有"一条罗曼的血脉,但它完全被堵上了,要摈弃日常生活中消极的东西,要有反现实世界的雄心——花园和烧烤、漫步和篝火、梦想假期、梦之船,梦幻岛,或者(另类和更深刻地思考)……要求那个能给出艺术的内心性相反的世界"①。

中国文化也有一个形容词"浪漫的"。它在汉语字典(词典)上有两个意思:一是富有诗意、充满幻想;二是行为放羁、不拘小节。②在庄子、屈原、李白、李贺等人的文字、诗歌里,学者们用"浪漫"或"浪漫主义"来描述他们作品的风格。战国时期,"屈原……作品的出现,标志着中国诗歌进入了一个大雅歌唱到浪漫独创的新时

---

① H.H.Eggebrecht, Romantik–was ist das ? In: *Wege in d.Romantik*, schriftenreihe d.Internationalen Bachakademie Stuttgart VIII, Kassel 1998,S.26 f.
② http://cidian.hwcha.com/mogbpwxm.html,2022 年 3 月 2 日。

代"①。这个词也保持直至当今汉字的口语使用中,"浪漫""浪漫主义"更倾向于纳入情感、爱情的内容,在当今汉语使用中更为宽泛(有新闻报道称,北京2022年冬奥会开幕式展现了"中国人的浪漫"②)。

但是,它与西方音乐术语"romanrisch,Romantik"并非同一个术语。它们分别来自西方中世纪文化和中国古代文明,被错误地拼贴为同一个词,可能因为它们有口语中某种"类似"的意指。半个多世纪以来,国内出版的汉语与西方语言的对照词典,错误地把首选汉译名定为"浪漫的""浪漫主义"。③朗文《当代英汉双解词典》的编纂思维最接近语言学,保留了西方语言"罗曼的"一词"传奇""虚构"的含义,但

---

① http://baike.baidu.com/item/屈原/6109?fr=aladdin,2022年3月2日。
② https://new.qq.com/rain/a/SPO2022020500188911,2022年3月3日。
③ 郑易里、曹成修(编):《英华大词典》(修订第二版),商务印书馆(北京),1984年,第1204页。

汉译名仍首选"浪漫的"一词。①"浪漫主义"（Romantizismus）的汉译虽从字面上可行，但与前述1850年后的德语原词含义（罗曼化）完全不符。余例恕不冗述。

汉语将这个术语错译持续了半个多世纪，把中西艺术里貌似相似但实质迥然不同的术语拼贴为一，这给艺术史、音乐史的书写与研究造成了很大的困扰。什么是"浪漫主义"？笔者一生从事西方音乐史研究工作，却从来不知道维也纳古典乐派之后还有"浪漫主义音乐"。我们不仅必须对"浪漫"的汉译做出否定的勘误，而且还对我们专业笔译中写下的错译，向读者们致歉！

刘经树

2022年7月15日，于多伦多

---

① 朗文《当代英汉双解词典》，朗文出版集团（香港），1988年版，第1230—1231页。

LIXIADE SHITELAOSI

图书在版编目（CIP）数据

里夏德·施特劳斯 / 刘经树编著. -- 北京：人民音乐出版社，2023.5
（2024.5重印）
（外国音乐欣赏丛书）
ISBN 978-7-103-06519-8

Ⅰ. ①里… Ⅱ. ①刘… Ⅲ. ①施特劳斯(Strauss, Richard 1864-1949)—生平事迹②施特劳斯(Strauss, Richard 1864-1949)—音乐评论 Ⅳ. ① K835.165.76 ② J605.516

中国国家版本馆 CIP 数据核字（2023）第 055884 号

责任编辑：张　斌　马圆瑞
责任校对：杜　岩
封面设计：王　华

人民音乐出版社出版发行
（北京市东城区朝阳门内大街甲 55 号　邮政编码：100010）
Http://www.rymusic.com.cn
E-mail:rmyy@rymusic.com.cn
新华书店北京发行所经销
北京隆昌伟业印刷有限公司印刷
880×1230 毫米　　32 开　　4.625 印张
2023 年 5 月北京第 1 版　　2024 年 5 月北京第 2 次印刷
印数：3,001—3,500 册　　定价：25.00 元
版权所有　翻版必究
读者服务部联系电话：（010）58110591
如有缺页、倒装等质量问题，请与出版部联系调换。电话：（010）58110533